中华文化风采录

丰富民俗文化

祭祀的清明

王 丽◎编著

北方妇女儿童出版社
·长春·

图书在版编目(CIP)数据

祭祀的清明 / 王丽编著. —长春：北方妇女儿
童出版社，2017.5（2022.8重印）
（丰富民俗文化）
ISBN 978-7-5585-1071-7

Ⅰ．①祭… Ⅱ．①王… Ⅲ．①节日－风俗习惯－
中国－通俗读物 Ⅳ．①K892.1-49

中国版本图书馆CIP数据核字(2017)第103412号

祭祀的清明
JISI DE QINGMING

出 版 人	师晓晖
责任编辑	吴　桐
开　　本	700mm×1000mm　1/16
印　　张	6
字　　数	85千字
版　　次	2017年5月第1版
印　　次	2022年8月第3次印刷
印　　刷	永清县晔盛亚胶印有限公司
出　　版	北方妇女儿童出版社
发　　行	北方妇女儿童出版社
地　　址	长春市福祉大路5788号
电　　话	总编办：0431-81629600
定　　价	36.00元

习近平总书记说："提高国家文化软实力，要努力展示中华文化独特魅力。在5000多年文明发展进程中，中华民族创造了博大精深的灿烂文化，要使中华民族最基本的文化基因与当代文化相适应、与现代社会相协调，以人们喜闻乐见、具有广泛参与性的方式推广开来，把跨越时空、超越国度、富有永恒魅力、具有当代价值的文化精神弘扬起来，把继承传统优秀文化又弘扬时代精神、立足本国又面向世界的当代中国文化创新成果传播出去。"

为此，党和政府十分重视优秀的先进的文化建设，特别是随着经济的腾飞，提出了中华文化伟大复兴的号召。当然，要实现中华文化伟大复兴，首先要站在传统文化前沿，薪火相传，一脉相承，弘扬和发展5000多年来优秀的、光明的、先进的、科学的、文明的和自豪的文化，融合古今中外一切文化精华，构建具有中国特色的现代民族文化，向世界和未来展示中华民族具有独特魅力的文化风采。

中华文化就是中华民族及其祖先所创造的、为中华民族世世代代所继承发展的、具有鲜明民族特色而内涵博大精深的优良传统文化，历史十分悠久，流传非常广泛，在世界上拥有巨大的影响力，是世界上唯一绵延不绝而从没中断的古老文化，并始终充满了生机与活力。

浩浩历史长河，熊熊文明薪火，中华文化源远流长，滚滚黄河、滔滔长江是最直接的源头，这两大文化浪涛经过千百年冲刷洗礼和不断交流、融合以及沉淀，最终形成了求同存异、兼收并蓄的辉煌灿烂的中华文明。

中华文化曾是东方文化的摇篮，也是推动整个世界始终发展的动力。早在500年前，中华文化催生了欧洲文艺复兴运动和地理大发现。在200年前，中华文化推动了欧洲启蒙运动和现代思想。中国四大发明先后传到西方，对于促进西方工业社会形成和发展曾起到了重要作用。中国文化最具博大性和包容性，所以世界各国都已经掀起中国文化热。

中华文化的力量，已经深深熔铸到我们的生命力、创造力和凝聚力中，是我们民族的基因。中华民族的精神，也已深深根植于绵延数千年的优秀文化传统之中，是我们的精神家园。但是，当我们为中华文化而自豪时，也要正视其在近代衰微的历史。相对于5000年的灿烂文化来说，这仅仅是短暂的低潮，是喷薄前的力量积聚。

中国文化博大精深，是中华各族人民5000多年来创造、传承下来的物质文明和精神文明的总和，其内容包罗万象，浩若星汉，具有很强的文化纵深感，蕴含丰富的宝藏。传承和弘扬优秀民族文化传统，保护民族文化遗产，已经受到社会各界重视。这不但对中华民族复兴大业具有深远意义，而且对人类文化多样性保护也有重要贡献。

特别是我国经过伟大的改革开放，已经开始崛起与复兴。但文化是立国之根，大国崛起最终体现在文化的繁荣发展上。特别是当今我国走大国和平崛起之路的过程，必然也是我国文化实现伟大复兴的过程。随着中国文化的软实力增强，能够有力加快我们融入世界的步伐，推动我们为人类进步做出更大贡献。

为此，在有关部门和专家指导下，我们搜集、整理了大量古今资料和最新研究成果，特别编撰了本套图书。主要包括传统建筑艺术、千秋圣殿奇观、历来古景风采、古老历史遗产、昔日瑰宝工艺、绝美自然风景、丰富民俗文化、美好生活品质、国粹书画魅力、浩瀚经典宝库等，充分显示了中华民族厚重的文化底蕴和强大的民族凝聚力，具有极强的系统性、广博性和规模性。

本套图书全景展现，包罗万象；故事讲述，语言通俗；图文并茂，形象直观；古风古雅，格调温馨，具有很强的可读性、欣赏性和知识性，能够让广大读者全面触摸和感受中国文化的内涵与魅力，增强民族自尊心和文化自豪感，并能很好地继承和弘扬中国文化，创造未来中国特色的先进民族文化，引领中华民族走向伟大复兴，在未来世界的舞台上，在中华复兴的绚丽之梦里，展现出龙飞凤舞的独特魅力。

火的崇拜——远古遗风

不断发扬——相沿成俗

衍化嬗变——随俗雅化

寒食节也称"禁烟节""冷节""百五节"，源于远古时期人们对火的崇拜，而后才逐渐发展成为我国盛大的节日。

寒食节的具体日期是在农历冬至后一百零五天，清明节前一二日。是日初为节时，禁烟火，只吃冷食。

寒食节在后世的发展中又逐渐增加了祭扫、踏青、荡秋千、蹴鞠、牵钩和斗鸡等风俗。寒食节绵延2000余年，曾被称为我国民间第一大祭日。

寒食节是我国汉族传统节日中唯一以饮食习俗来命名的节日，而祭祖、寒食和扫墓是节日期间最具特色的活动。

火的崇拜

远古遗风

大禹得河图后始见清明

传说在远古时期，混沌初开，天地还未完全分离。我国的黄河流域洪水为患，人们因此失去了家园和土地，生活在洪水横流之中。

人们深受洪灾之害，当时有一个名叫舜的部落首领，就命令禹来

大禹治水壁画

■ 大禹 姒姓，名文命，后世尊称为大禹，也称帝禹，为夏后氏首领，夏朝第一任君王。他是黄帝的七世孙、颛顼的五世孙。他是传说时代与尧、舜齐名的贤圣帝王，最卓著的功绩是治理滔天洪水和划定我国国土为九州。

治理洪水。提起大禹治水的故事，还要从一个美丽的传说说起。

那时候，在华阴潼乡有个叫冯夷的人，他不安心耕种劳作，一心想得道成仙。他听别人说，只要喝上100天水仙花的汁液，就可以化为仙体，于是他就到处寻找水仙花。

而在大禹治理黄河之前，黄河水已经涌流到了中原，而且没有固定河道。河水到处漫流，泛滥成灾。冯夷东奔西跑找水仙花，需要经常渡过黄河。

转眼过了99天，冯夷只要再找到一棵水仙花，吮吸一天汁液，就可以成仙了。冯夷想到这儿，心里很是得意，便又跨过黄河去一个小村庄找水仙花。

这里的水并不深，冯夷很容易就能蹚水过河。然而，奇怪的是，他刚到河中间，河水就突然涨了起来。他一慌神，跌倒在黄河里，竟被水淹死了。

冯夷死后，一肚子的冤屈怨气，他恨透了黄河，就来到玉帝面前告黄河的状。

玉帝听说黄河没人治理，到处横流撒野，危害百姓，很是恼火。他知道冯夷已吮吸了99天水仙花的汁液，便任命冯夷当黄河水神，治理黄河。

■ 舜 我国传说中父系氏族社会后期部落联盟领袖。舜，也称虞舜，生于姚地，今河南濮阳，以地取姓氏为姚。姚姓族人是黄帝、舜的后裔。舜帝是中华民族的共同始祖。他不仅是中华道德的创始人之一，而且是华夏文明的重要奠基人。

冯夷想，这样既可了却自己成仙的心愿，又可报被淹死之仇，真是两全其美。从此，冯夷就当了黄河水神，人称河伯。

他从来没有治理过洪水，突然担当起治理黄河的大任，一时间束手无策。这可怎么办呢？自己道行浅，又无法宝仙术，冯夷只好又到玉帝那儿讨教办法。

玉帝告诉冯夷，要想治理黄河，先要摸清黄河的水情，画幅河图，有了黄河的水情河图为依据，就可以治理黄河了。

河伯按照玉帝的指点，一心要画幅河图。他找到村里的后老汉，讲了他治理黄河的大志。后老汉见河伯如今成了仙，要给百姓办点好事，就答应一定帮忙。

从此，河伯和后老汉风里来雨里去，跋山涉水，察看黄河水情。经多年劳累，后老汉病倒了，只得回家去。分手时，后老汉再三嘱咐河伯，不要中途而废，画好图就着手治理黄河。

河伯继续沿黄河察看水情。查看水情并画河图是个苦差事。河伯把河图画好后已经年老体弱。河伯看着河图，叹气自己没有气力去治理黄河，很是伤心。

河伯想，总有一天会有能人来治理黄河的，到那时，再把河图传给能治理黄河之人，自己也就了却心愿了。

河伯从此就在黄河底下安度晚年，再没有露面。然而，黄河连连

河伯出行砖画

涨水，屡屡泛滥。百姓知道玉帝派河伯来治水，却终日不见他的面，都怨声载道，埋怨河伯不尽职责。

后老汉听说此事后，对治理黄河的事不放心，便要去找河伯。后老汉有个儿子叫后羿，射箭百发百中，他劝父亲别去找河伯。

后老汉不听劝阻，结果遇上黄河决口，被冲得无影无踪。后羿心恨河伯，便决心射死他。

有一天，河伯听说大禹带着开山斧、避水剑来到黄河边，就带着河图从水底出来，寻找大禹。河伯走了半天，看见河对岸有个年轻人。

这年轻人英武雄伟，河伯心想此人或许正是大禹，就问道："喂，你是谁？"

对岸的年轻人不是大禹，是后羿。他抬头一看，河对岸一个仙风道骨的老人在喊，就问道："你是谁？"

河伯高声说："我是河伯。你是大禹吗？"

后羿一听是河伯，顿时怒冲心头，冷笑一声，说："我就是大禹。"说着张弓搭箭，"嗖"的一

■ 后羿 我国上古时期的传说人物。他善于射箭，曾助尧帝射九日。传说有一天，十日齐出，祸害苍生。天帝帝俊就派擅长射箭的羿下凡解除灾祸。羿射九日，只留一日，给大地带来复苏的生机。

玉帝 道教认为玉皇为众神之王，在道教神阶中修为境界不是最高，但是神权最大。玉皇大帝除统领天、地、人三界神灵之外，还管理宇宙万物的兴隆衰败、吉凶祸福。在中华文化中，玉皇大帝被视为宇宙的无上真宰，地球内三界、十方、四生、六道的最高统治者。

祭祀的清明

■ 大禹治水壁画

禹王庙 纪念大禹的祠宇，专为纪念大禹治水而建的。大禹在远古历史中，至少在水事活动中，具有保护神的地位，禹王庙和关帝庙一样，在我国民众心中占据着重要位置。全国各地的许多地方都建有禹王庙，如石泉禹庙、重庆涂山禹庙、成都禹庙、忠县禹庙、奉节禹庙、南充禹王宫等。

箭，射中了河伯的左眼。

河伯拔箭捂眼，疼得直流虚汗。心里骂道："混账大禹，好不讲道理！"他越想越气，就去撕那幅水情图。

这时，猛地传来一声大喊："不要撕图。"

河伯忍痛一看，对岸一个头戴斗笠的人，拦住了后羿。这个人就是大禹，他知道河伯画了一幅黄河河图，正要找河伯求教呢！

后羿推开大禹，又要搭箭张弓。大禹赶紧拦住他，把河伯画图的艰辛讲给他，后羿听后对自己的莽撞行事后悔不迭。

后羿向河伯承认了过错。河伯得知后羿是后老汉的儿子，也没多怪罪。

大禹对河伯说："我是大禹，特地来找您求教治理黄河的办法。"

河伯说："我的心血和治河办法都在这张图上，现在传给你吧！"

大禹展开图一看，图上圈圈点点，把黄河的水情画得一清二楚。大禹得了黄河水情图，日夜不停地工作，三过家门而不入。

黄河的水患解除了，瞬间天清地明，百姓欢呼雀跃，齐声叫好："清明啦，清明啦！"

为了纪念这一有着重大意义的日子，人们把水患除去的一天定为清明节。此后，人们就用"清明"之语来庆贺水患已除，天下太平。

后人为了纪念大禹的功绩，建造了禹王宫、禹王庙、大禹陵等。每年农历的三月二十八，周边数万的人都会赶到山顶，向禹王朝拜。

■ 后羿射河伯

阅读链接

关于河图的来历，我国民间还有一种说法。传说，伏羲是通过龙马身上的图案，与自己的观察，画出的"八卦"，而龙马身上的图案就叫作"河图"。

八卦源于阴阳概念一分为二，文王八卦源于天文历法，但它的"根"是《河图》。《河图》过去被人认为很神秘，实际上它只是数学中一个分支，通常叫它为幻方或魔方。

《河图》问世以后被古人加以神化，后又在历史过程中，被易学家们加入了五行、阴阳、四时和方位之说，更进一步说明节气、阴阳与万物生、壮、荣、衰的相互关系。

源于五千年前的墓祭

　　清明节是一个祭祀祖先的节日，主要是扫墓，是慎终追远、敦亲睦族及行孝的具体表现。扫墓源于5000年前的墓祭，就是在坟墓前祭祀祖先。

　　据传，清明节始于古代帝王将相的"墓祭"之礼。后来民间也争

古代祭祖

相仿效，于此日祭祖扫墓，历代沿袭，从而成为中华民族一种固定的风俗。

我国古代墓祭的礼制可追溯到5000年前，而且当时的墓祭已是祖先偶像与祖先亡灵相结合的祭祀形式。

在古文献中曾提到一个为人所耻笑的齐国人。这个齐国人经常到东郭的坟墓前乞食祭墓的祭品，可见当时扫墓的风气已经盛行。

根据祭祀的场所，我国古代的祭祖可分为宗庙祭祀和墓祭两种。墓祭主要是指生者在墓前祭祀祖先，以表达和寄托对死者的孝思之情，后世又称"祭墓"，俗称"拜扫"或"扫墓"。

根据考古发现，早在新石器时代，我国已经有了墓祭习俗，在殷商时期墓祭之风渐为风行。

本来，寒食节与清明节是两个不同的节日，"清明节"的得名源于农历二十四节气中的清明节气。每年冬至后的第一百零五天就是清明节气。

清明节气共有15天。作为节气的清明，时间在春分之后。这时冬天已去，春意盎然，天气清朗，四野明净，大自然处处显示出勃勃生机。用"清明"称这段时间，是再恰当不过的称呼。

此时春暖花开，万物复苏，天清地明，正是春游

■ 古代清明扫墓

新石器时代 在考古学上是石器时代的最后一个阶段，以使用磨制石器为标志的人类物质文化发展阶段。这个时期在地质年代上已进入全新世，继旧石器时代之后，或经过中石器时代的过渡而发展起来，属于石器时代的后期，年代大约从1.8万年前开始，结束时间从距今5000多年至2000多年不等。

祭祀的清明

■ 清明祭祖

踏青的好时节。踏青在历代承袭成为习惯。踏青除了欣赏大自然的湖光山色、春光美景之外，还开展各种文娱活动，增添生活情趣。

清明时节总是给人以些许悲凉和伤感，而与一般伤春悲秋不同的是，它不是关乎个体当下的特殊经验，而是一种更加深沉辽远的生命之感。

"事死如事生。"清明将至，细雨绵绵，草木萌生，踏青远足，南燕北归，那逝去亲人的坟地是否也会有狐兔穿穴打洞？是否也会因雨水浸满而塌陷崩落？或者，我们自己是否也会有因时序更替光阴流逝带来的某种情愫心思需要前去倾诉抒发？

正是这样一种随天地运行而来的情之发、意之动，才引发了人们清明墓地祭扫的举行。于是，清明也就由一种与农事活动相关的自然之"气"，转换递进为缅怀先人的文化之"节"，具有特殊的意涵。

扫墓实际就是墓祭。古代帝王曾将其确定为国家礼制。上古时期"墓而不坟"，就是只打墓坑，不筑坟丘，因此这个日子主要与上巳和寒食联系在一起。后来，便"墓而且坟"，祭扫之情便有了依托。

当时，人们即使离乡千里也要在清明回乡扫墓。而扫墓内在依据，结合我国民间传统的"鬼节"可以更清楚地被理解。

从节气上看，霜降以后天气转凉，我们自己要添衣御寒，那生活在彼岸世界的先人们是不是也有同样的需要呢？于是就有了给他们捎点衣物钱财以顺利过冬的烧包习俗。

事死如事生的情感逻辑以古老而朴素的灵魂观念和祖先崇拜为基础。"鬼节"最初的缘起如此，清明节最初的缘起也有此因。

清明节流行扫墓，扫墓其实就是清明节前一天寒

鬼节 指鬼过的节日。在我国有四大鬼节，分别是农历三月三、清明节、农历七月十五和农历十月初一。鬼节源于目连救母的故事。由此可见，"鬼节"是因传统美德的孝心而起的。

火的崇拜

远古遗风

■ 清明祭扫

祭祀的清明

■ 远古人钻木取火雕塑

介之推（？～前636年）春秋时期晋国贤臣，后人尊其为介子，因"割股奉君"，隐居"不言禄"之壮举，深得世人怀念。死后葬于介休绵山。晋文公重耳深为愧疚，遂改绵山为介山，并立庙祭祀，由此产生了清明节前一天的"寒食节"，历代诗家文人留有大量吟咏缅怀诗篇。

食节的内容。因此每逢清明节来到，扫墓就成为社会重要风俗。因寒食与清明相接，后来就逐渐传成清明扫墓了。直至后来，清明扫墓成为盛行的习俗，世代相沿。

古代寒食节也叫禁烟节，有禁烟的风俗。每年到这一时节，要求家家禁止生火，皆吃冷食。禁烟是节日里最主要甚至是必需的措施。在禁火之时，人们就准备一些冷食，以供食用，后来就慢慢成了固定的风俗。

寒食节距冬至一百零五天，也就是距清明不过一天或两天。这个节日的主要节俗就是禁火，不许生火煮食，只能吃备好的熟食和冷食，故而得名。

寒食节的源头，其实是远古时期人类对火的崇拜，源于古代的钻木、求新火之制。古人因季节的不同，选取不同的树木来钻火，有改季改火的风俗。而每当新的季节改火之后，就要换取新火。新火未至，就禁止人们生火。这是当时的一件大事。

古人的生活离不开火，但是火往往又给人类造成极大的灾害，于是古人便认为火有神灵，便要祀火。

在古代，家家户户所祀之火，每年又要止熄一次。然后再重新燃起新火，此举被称为"改火"。每当改火时节，人们都要举行隆重的祭祖活动，将谷神稷的象征物焚烧，称为人牺。相沿成俗，便形成了后来的禁火节。

据《周礼·秋官·司烜氏》记载：

中春以木铎修火禁于国中。

可见当时是摇着木铎，在街上走，下令禁火。司烜氏，其实就是专管取火的小官。

这样慢慢就成了固定的风俗了。在此期间，人们

杏酪　我国的传统食品，又称杏仁茶。做法是把甜杏仁、糯米面、白糖各适量。甜杏仁磨细备用，锅中适量清水煮沸，下甜杏仁及糯米面调匀。再下白糖，煮至熟即可服食，适于风寒咳嗽，常服有防癌、抗癌作用。

■扫墓雕塑

还有吃杏酪食俗。杏酪自古以来就被人们作为寒食节中的一种高档食品。在东晋孙楚祭祀介之推的食品中，便有杏酪。

以后，寒食节才与介之推的传说联系起来，成了寒食节。而寒食节的日期也要长达一个月。长期吃冷食，毕竟不利于人的健康。

以后，人们便缩短日期，从7天、3天逐渐改为1天。到了后来，人们便直接把寒食节融合在清明节中一起度过了。

古人在寒食节扫墓，通常也不设香火。人们将纸钱挂在坟茔旁的树上。前去扫墓的乡里人，都登到高处遥望，以示祭祀。将裂帛抛往空中，称之为掰钱。而京师的周围地区，人们在拜扫时，便设置酒和饭食，带领全家老幼外出春游。

此后，清明节便由一个单纯的农业节气，上升为重要的大节日了，寒食节的影响也就消失了。但寒食的食俗有若干变形的方式却传承下来了，并保存于清明节中。

清明节期间，此时不仅春暖花开、阳光和煦，适合人们出外春游拜扫亲人坟墓，还消除了"隆冬冷食，残损民命"的忧虑。把寒食节并为清明节既符合民意又符合时令，实属明智之举。

阅读链接

墓祭又称祭扫，我国过去一般每年都要举行春、秋二祭，春祭在清明节，秋祭在重阳节，重阳祭扫祖坟活动在境内并不普遍，且久已无闻，唯有清明节的祭墓活动十分普遍。

每到清明日，家家户户都有人上山祭扫祖坟。祭扫时，要清除祖坟周围的杂草。祖墓如有损坏，也要整修。民间旧俗，祖墓之土平时不宜轻动，只有在清明祭扫之时可以进行此项工作。坟墓周围打扫干净之后，就把"纸钱"压在祖坟前后左右。

扫墓结束后，扫墓者必折一枝马尾松松枝，带回家插于门上，用以表示这户人家没有忘记祖先，已经扫过墓了。后来，这项风俗从形式到内容都发生了重大变化。

介之推割股奉重耳充饥

　　寒食节相传是源于春秋时期的晋国，是为了纪念晋国公子的臣子介之推而专门设立的节日。

　　相传，在春秋战国时代，晋献公的妃子骊姬为了让自己的儿子奚齐继位，就设毒计谋害太子申生，申生被逼自杀。骊姬又诬陷献公的另外两个儿子重耳、夷吾为申生同谋，两人得到消息后遂不辞而别。

　　当年重耳出逃时，先是被父亲献公追杀，后是被兄弟惠公追杀。重耳经常食不果腹、衣不蔽体。有一年重耳逃到卫国，一个叫作头须的随从偷光了重耳的资粮，逃入深山。

　　重耳无粮，饥饿难当，向田夫乞讨，可不但没要来饭，反被农夫们用土块戏谑了一番。

晋文公画像

■ 晋文公雕塑

《吕氏春秋》

战国末年由秦国丞相吕不韦组织门客集体编撰的一部古代类百科全书似的传世巨著，是一部杂家著作，又名《吕览》。此书共26卷，内分12纪、8览、6论，共160篇，20余万字。吕不韦自己认为其中包括了天地万物古往今来的事理，所以号称《吕氏春秋》。

重耳在流亡期间受尽了屈辱。在一处渺无人烟的地方，他又累又饿，晕了过去，再也无力站起来。跟着他一道出奔的臣子，大多都各奔出路去了，只剩下少数几个忠心耿耿的人一直追随着他。

随臣找了半天也找不到一点儿吃的，正在大家万分焦急的时刻，有一人悄悄走到僻静处，此人就是介之推。

介之推走到僻静处后，忍着剧痛，用一把刀子从自己的大腿上割下了一块肉。随后，他为重耳煮了一碗肉汤。当重耳喝完肉汤后，渐渐恢复了精神，而当重耳发现肉是介之推从他自己腿上割下的时候，流下了眼泪。

19年以后，重耳做了晋国的国君，就是历史上的晋文公。晋文公即位以后，重重赏了当初伴随他流亡的功臣，唯独介之推被遗忘。众人都为介之推鸣不平，他却不肯面见圣上请赏。

《吕氏春秋》记载，当时介之推不肯受赏，曾赋诗一首：

有龙于飞，周遍天下。

五蛇从之，为之丞辅，

龙反其乡，得其处所，

四蛇从之，得其露雨，

一蛇羞之，桥死于中野。

邻居解张为介之推鸣不平，夜里写了封书信挂到城门上。晋文公看到这首诗后，后悔自己忘恩负义，赶紧派人召介之推受封，才知道他已背着老母亲隐入绵山。

绵山山高路险，树木茂密，找寻两个人谈何容易。于是，有人献计，从三面火烧绵山，逼出介之推。晋文公便下令举火烧山，孰料大火烧了三天三夜，在大火熄灭后，终究不见介之推出来。

火熄以后，人们才发现身背老母亲的介之推已坐在一棵老柳树下被火烧死了。晋文公见状，恸哭不已。

人们在装殓介之推的尸体时，从树洞里发现一纸血书，上面写道：

割肉奉君尽丹心，但愿主公常清明。

柳下做鬼终不见，强似伴君作谏臣。

倘若主公心有我，忆我之时常自省。

臣在九泉心无愧，勤政清明复清明。

晋文公被介之推的忠君爱国之心感动不已，他将血书藏入袖中。

春秋战国《晋文公复国图》局部

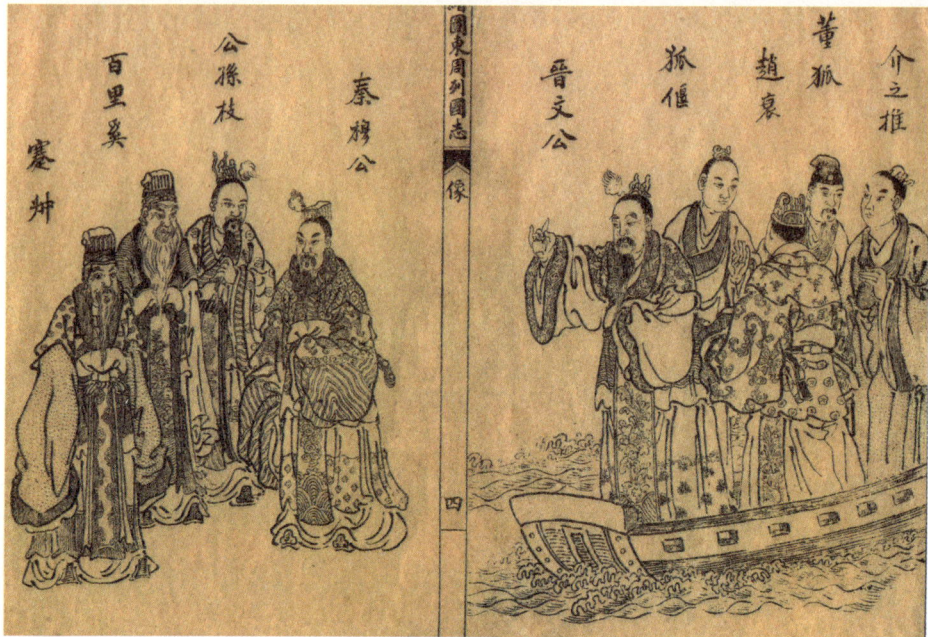

祭祀的清明

■ 《东周列国志》中的晋文公与介之推画像

祠堂 族人祭祀祖先或先贤的场所。祠堂有多种用途，除了"崇宗祀祖"之用外，各房子孙平时有办理婚、丧、寿、喜等事时，便利用这些宽广的祠堂以作为活动之用。另外，族亲们有时为了商议族内的重要事务，也利用祠堂作为会聚场所。

然后把介之推和他的母亲分别安葬在那棵烧焦的大柳树下。

为了纪念介之推，晋文公下令把绵山改为"介山"，在山上建立祠堂，并把放火烧山的这一天定为寒食节，晓谕全国，每年这天禁忌烟火，只吃寒食。

临走时，晋文公还伐了一段烧焦的柳木，到宫中做了双木屐，每天望着它叹道："悲哉足下！""足下"是古代下级对上级或同辈之间相互尊敬的称呼，据说就是来源于此。

第二年，晋文公领着群臣，素服徒步登山祭奠，表示哀悼。行至坟前，只见那棵老柳树死树复活，绿枝千条，随风飘舞。

晋文公望着复活的老柳树，像看见了介之推一样。他敬重地走到老柳树跟前，小心翼翼地掐了一截枝，编了一个圈儿戴在头上。祭扫后，晋文公把复活的老柳树赐名为"清明柳"，又把这天定为清明节。

以后，晋文公常把血书带在身边，作为鞭策自己执政的座右铭。他勤政清明，励精图治，把国家治理得很好。此后，晋国的百姓得以安居乐业，对有功不居、不图富贵的介之推，人民非常怀念。

于是，每逢介之推死的那天，大家禁止烟火来表示纪念。同时，人们还用面粉和着枣泥，捏成燕子的模样，用杨柳条串起来，插在门上，召唤他的灵魂。

历史上，寒食节活动由纪念介之推禁烟寒食为主，逐步演变为以拜扫祭祖为主。其中蕴含的忠孝廉洁的理念，完全符合我国古代国家需要忠诚、家庭需要孝道的传统道德核心，寒食节活动成为家庭和谐、社会稳定的重要载体。

古代先民对寒食节禁烟冷食的执着，表达了对千古先贤介之推忠贞不渝的怀念之情。

可以说，寒食节的意义远远大于清明，若比作母子，寒食为母，清明为子。清明尤在，而寒食早已不存。可以说，寒食伴随着吹面不寒的杨柳之风，在岁时节日的演变过程中静静地融入了清明。

阅读链接

后人为了纪念介之推，专门修建了一座介之推庙。介之推庙位于山西省晋中灵石县境内的张嵩村，称英毅圣王庙。介庙所建处，原有母子柏、母子碑。

传说母子柏所生之处是介之推母子相抱被焚死之地。介庙周围原来环境清幽，风景秀丽，气候温凉。也由于这个原因，这里也被人称为"神林"。

可惜后来山林庙宇均被火焚毁，现仅存寺庙的偏院一处，院内还存有原庙基的石墩和五通石碑。

春秋战国时期的清明习俗

　　大约在2400年前的春秋时期，清明节的活动开始丰富起来，包括牵钩、射柳、植树等。同时，人们逐渐地形成了在清明节吃饧的饮食习俗。

　　牵钩是古称，其实就是拔河运动，始于楚国。楚国是春秋战国时期南方的一个诸侯国。楚人是华夏族南迁的一支，最早兴起于汉江流

■ 拔河比赛雕塑

域的丹水和淅水交汇的淅川一带，其全盛时的最大辖地大致为现在的湖北、湖南全部、重庆、河南、安徽、江苏、江西、浙江等地。

楚国地处大江南北，水道纵横，除陆军外，还有一支强大的水军舟师，并曾发明一种称之为"钩拒"的兵器，专门用于水上作战。当敌人败退时，军士以钩拒将敌船钩住，使劲往后拉，使之逃脱不了。

后来钩拒从军中流传至民间，被水乡渔民仿效，成为一项民间体育娱乐活动，演变为牵钩比赛。

据说春秋时期，楚国为了进攻吴国，以牵钩这种运动来增强人民的体质。它主要是以一根麻绳，两头分为许多小绳，比赛时，以一面大旗为界，一声令下，双方各自用力拉绳，鼓乐齐鸣，双方助威呐喊，热闹非常。

在古代拔河时，还要敲着大鼓，以壮士气。唐玄宗曾多次观看拔河比赛，拔河者超过千人，呼声震天，场面令人震撼。

楚国 春秋战国时期南方的一个诸侯国，其国君为熊氏。楚国先人用自己的勤劳与智慧，创造出了令世人瞩目的楚文化。楚文化的主源是中原文化。至楚国灭亡后几百年间，楚国这个称谓断断续续被多个政权与藩王沿袭保存了下来。五代十国时期的楚国史称"南楚"或"马楚"。

拔河雕塑

祭祀的清明

　　拔河所用的绳索，在唐代以前用的是篾缆，唐代的民间则用木麻。木麻通常长达150多米，两头分系小索数百条，挂于前，分二朋，两勾齐挽，立大旗为界，震鼓叫噪，使相牵引，以却者为输，名为"拔河"。

　　拔河的起源，本来是由于双方交战，后来，军中的兵士们也多以此为戏。不仅仅是兵士这么做，宰相和将军们也喜欢此类运动，甚至宫女们也常组队拔河。拔河游戏发展成为上至皇亲贵族下至平民百姓备受青睐、盛况空前的活动。

　　射柳是古时一种练习射箭技巧的游戏。这也是一项时尚高雅的活动。在细长摇曳的柳枝上，拴上一缕红绸，即是被射的目标。大多是青年男子，骑马挽弓，在百步以外，用特制的前头分叉的箭，射断那枝柳条，待柳条落地之前，飞马前往，将柳条接住。射柳是考验骑射真功夫的一项运动。

　　还有一些文人墨客和学子，常在柳树上挂个有鹁鸠鸟的葫芦，百步之外用弓箭或弹弓射之，善射者矢中葫芦，鹁鸠受惊飞出，以鹁鸠飞出的高低决定胜负。

清明前后，春阳照临，春雨飞洒，种植树苗成活率很高，成长快。因此，自古以来，我国就有清明植树的习惯。有人还把清明节叫作"植树节"，植树风俗便一直流传下来。

寒食清明，这个我国传统的节日，除了有慎终追远的感伤，还融合了欢乐与赏春的气氛。除了特殊的节日活动，在我国还有清明节吃饧的食俗。

"饧"就是人们通常所说的饴糖，它是古代寒食节必备的食品。自古以来，许多文人墨客曾经借助诗词生动地记述了当时我们的祖先过寒食节时的盛景，如"海外无寒食，春来不见饧""市远无饧供寒食""箫声吹暖卖饧天""粥香饧白杏花天"等。

从众多的提到"饧"的寒食诗作中，我们不难看出，古代先人过寒食节必须有"饧"这种食物。如果在寒食节里没有"饧"这一食品，人们就认为这个节日不是完整的。

关于"饧"这种食品，古代还有一则典故。据说后人在六经中找不到"饧"字，便对"春来不见饧"的诗句提出了质疑。有人就对这个问题进行了研究。

经过查找，人们发现在战国时期的《楚辞》中曾经提到一种叫作"饦餭"的食品，而"饦餭"就是人们所称的

■ 贯馅糖

"饧"。

据古文献记载，寒食为冷食，《楚辞·招魂》中名"粔籹"，又名"餲""环饼"等，其用糯米粉和面油煎制成，可贮存，寒食禁火时用以代餐。

其实，古人所说的"饧"就是专指用麦芽和谷芽等熬成的糖。我国传统食品贯馅糖，就是用大麦芽和小米经过糖化以后熬制而成的。

贯馅糖是古人在冬令时节的保健食品，是在春节至寒食节期间作为馈送亲友和祭灶供神的主要食品。追根溯源，贯馅糖事实上就是古代寒食节的家用食品。

直到后来，晋北地区一直沿袭着用饧的习惯，饧就是山西名品——麻糖的初级品。麻糖入口后很甜也很黏，故我国民间素有"二十三，吃饧板"的民谚。

清明节期间，百姓不生火，只吃冷食，许多城市中的饧糖摊点生意都非常兴隆。

阅读链接

清明节期间，我国各地都有不同的节日习俗。东北地区清明节这一天，老百姓习惯做饽饽、煮鸡蛋吃。华北地区，人们习惯食豌豆黄，好游者则至乡村踏青。山西翼城县，家家预煮黑面凉粉，于清明日切薄块灌汤而食之。

福建地区，清明期间，人们则有佩柳祀祖先，扫墓添土，冢上挂依陌。折柳枝插门左右，名辟邪。"上巳"，取南烛木茎叶捣碎，渍米为饭成绀色以食，且相馈遗。河南许昌地区，人们在清明日祭先茔，携酒肴郊饮，谓之"踏青"。

秦汉时期，清明节的活动更加丰富多彩，主要包括源于先秦时期的插柳习俗、踏青、放风筝以及祭祀习俗。在古代，柳在人们的心目中具有辟邪的功用，便有了极具象征意义的插柳习俗。

到了汉代，流行一种味道鲜美的杂烩菜，名为"五侯鲭"。而这一时期，清明墓祭已成为不可或缺的礼俗活动。

到了南北朝时期，我国民间逐渐形成了一些具有代表性的清明节娱乐习俗和食俗。娱乐习俗主要有荡秋千，食俗主要有馈宴、吃馓子以及寒食节吃粥等。

不断发扬

相沿成俗

自古以来的清明各项活动

寒食节是春秋时晋文公为纪念介之推而设的节日，历经各朝各代沿袭至今。虽经多次禁断，却屡禁屡兴，寒食习俗蔓延全国，深入民心。

关于寒食节禁烟，更为翔实的禁烟说，见于西汉末年无神论者桓谭撰著的《新论》。

在《新论》文中有描述：

魏孝文帝拓跋宏画像

太原郡，隆冬之时五日不生火食冷食，虽有病但不敢触犯法规，统治者应该改变此规定。

东汉时期，朝廷尚书周举初在并州任刺史，当时并州的百姓视介之推为乡神，士民每

年冬季怕神灵不乐见火，于是每年冬天都要吃一个月的寒食，不敢生火。

老小之人不堪寒冷，每年在这一时期，都会死很多人。于是，寒食节禁烟令一度被废止。

据史料记载，332年一次史无前例的大冰雹起自西河介山，冰雹大如鸡子，平地三尺，行人、禽兽死者万数。冰雹所到之处，太原、乐平、武乡、赵郡、广平、巨鹿等地1000多千米，树木摧折，庄稼无存。

当时，后赵帝王石勒，在东堂询问中书令徐光下冰雹的原因。

徐光说："去年，皇帝禁寒食。帝乡之神介之推，历代为世人所尊，介山左右的田地成为晋文公祭介之推田，这一带百姓奉祀介之推，士民们愿寒食禁火可任其随便。皇帝纵不能让天下人心都同介山之人。"

于是，石勒下诏书禁寒食。

此外，在474年、492年和502年，魏孝文帝连续三次禁断寒食。他在第三次令文中说："除介山之邑听任为之，寒食自此禁断。"

寒食节历经几朝当政者的屡屡禁断，但仍能相沿

诏书 皇帝布告天下臣民的文书。在周代，君臣上下都可以用诏字。秦王政统一六国，建立君主制的国家后，号称皇帝，并改命为制，令为诏，从此诏书便成为皇帝布告臣民的专用文书。汉代承秦制，唐宋时期废止不用，元代又恢复使用。

■ 清明戴柳

持续，除了国人追悯昔贤，不忍介之推英灵泯没之外，一个很重要的原因，就是后来的寒食节最终选定在冬至后的第一百零五天，即清明节期间。

清明时节自古就有插柳的习俗。北魏农学家贾思勰《齐民要术》里记载：

> 取柳枝著户上，百鬼不入家。

说的就是这一习俗。

柳为落叶乔木，阳春始发，枝条柔韧，叶似春风裁剪，枝干纵横倒顺，插之皆可成活。寒食清明习俗的标志之一，就是家家要插柳。

杨柳有强大的生命力，寒食插柳习俗历史悠久。每到寒食节这天，江淮人家折柳插门。据说，插柳的风俗，也是为了纪念"教民稼穑"的农事祖师神农氏的。有的地方，人们把柳枝插在屋檐下，以预报天气，古谚有这样的说法：

> 柳条青，雨蒙蒙；
> 柳条干，晴了天。

俗话说："有心栽花花不发，无心插柳柳成荫。"柳条插土就活，插到哪里，活到哪里，年年插柳，处处成荫。

柳在人们的心目中具有辟邪的功用。清明插柳戴柳还有一种说法：我国人以清明、七月半和十月朔为三大鬼节，是百鬼出没讨索之时。人们为防止鬼的侵扰和迫害而插柳戴柳。

此外，因受佛教的影响，人们认为柳可以怯鬼，而称之为"鬼怖木"，观世音以柳枝蘸水济度众生。清明既然是鬼节，值此柳条发芽时节，人们自然纷纷插柳戴柳以辟邪了。

汉代人有灞桥"折柳赠别"的风俗，每当有人送客至此桥时，便折柳赠别。古代长安灞桥两岸，堤长十里，一步一柳，由长安东去的人多到此地惜别，折柳枝赠别亲人，因"柳"与"留"谐音，以表示挽留之意。

杨柳是春天的标志，在春天中摇曳的杨柳，总是给人以欣欣向荣之感。"折柳赠别"就蕴含着"春常在"的祝愿。

古人送行折柳相送，是一种对友人的美好祝愿。也寓意亲人离别去他乡正如离枝的柳条，希望他到新的地方，能很快地生根发芽，好像柳枝那样随处可活。

古人的诗词中也大量地提及折柳赠别之事。如"新知折柳赠""别路恐无青柳枝""年年长自送行人，折尽边城路旁柳"等。

贾思勰 北魏时期人，曾经做过高阳郡太守，是我国古代杰出的农学家。著有《齐民要术》，全书共92篇，共11万多字，书中引用前人著作有150多种，记载的农谚有30多条。全书几乎对所有农业生产活动都做了比较详细的论述，在农学方面具有重大意义。

■ 清明折柳

清明折柳

人们不但见了杨柳会引起别愁，连听到《折杨柳》曲，也会触动离绪。这就自然引起古代文人墨客寄情笔端的感怀。其实，柳树可以有多方面的象征意义，古人又赋予柳树种种感情，于是借柳寄情便是情理中之事了。

除了插柳，我国清明节也有戴柳的习俗，有将柳枝编成圆圈戴在头上的，也有将嫩柳枝结成花朵而插于发髻的，还有直接将柳枝插于发髻的。

清明节的清晨，街市叫卖杨柳，家家折一枝绿柳蘸上清水，插上门楣，妇女则结杨柳球，戴在鬓边。

民间谚语有：

清明不戴柳，死后变黄狗。

清明不戴柳，来世变猪狗。

这说明，在古人眼里戴柳也有辟邪的作用，清明戴柳之俗在各地都很常见。

柳是寒食节的象征之物，但有一些地方有纪年华之义，有所谓的清明插柳"纪年华""清明不戴柳，红颜成皓首"之说。

发展到后来，人们就干脆把男女成年行冠礼的时间统一定在寒食节，而不论生

■ 古代清明扫墓

时年月，凡官民不论大小家，子女未冠的人，于此日戴柳，即为成年标志。

据此，后世便有"纪年华"的遗俗，并衍化成妇女戴柳球于鬓畔以祈红颜永驻的习俗。在此，春柳又有了象征青春的意义。时值春季妇女戴柳，则表现出对青春年华的珍惜与留恋。

清明节又叫踏青节，踏青又叫春游，古时还叫踏春、探春、寻春等。每至清明时节，人们在花草返青的春季，结伴到郊外原野远足踏青，并进行各种游戏以及荡秋千、放风筝等活动。

我国的踏青习俗由来已久，传说远在先秦时期就已形成。每年春天，人们都要结伴到郊外游春赏景，风俗日益兴盛。

"江上冰消岸草青，三三五五去踏青。"清明时节同时也是个生机勃发的时日，人们告别蛰伏的户居生活，迎着春天的明媚阳光，呼吸着青青绿草的气息，脚踩着松软的土地，徜徉在姹紫嫣红、莺歌燕舞的原野上，那时的心情该是多么轻快愉悦！

《论语》儒家的经典著作之一，由孔子的弟子及其再传弟子编撰而成。它以语录体和对话文体为主，记录了孔子及其弟子的言行，集中体现了孔子的政治主张、伦理思想、道德观念及教育原则等。与《大学》《中庸》《孟子》《诗经》《尚书》《礼记》《易经》《春秋》并称为"四书五经"。

古代清明节活动

说起踏青游乐，可以一直上溯到孔子那里。《论语》记载，孔子有一次与他的弟子们在一起讨论人生志向，其他弟子慷慨陈述其治国安邦的宏伟蓝图时，孔子并未搭腔。

轮到曾皙说："暮春时节，穿着刚刚做好的春服，与五六个朋友，六七个小孩，到沂水去沐浴，并随风起舞，洗完后哼着民间小调，踏上归途。"

孔子听后大加赞赏，喟然道："你和我想的一样！"

孔子与曾皙的对话表明，远在春秋时期，人们便有了在暮春时节野浴并踏青的活动。

清明踏青为古代人比较普及的休闲活动形式，其组织方式、内容和规格，也随着时间的推移，因地因人而异。有人会觉得，清明节吃着寒食祭奠先人，真是好凄凉啊。

其实不然，有词为证：

问西楼禁烟何处好？绿野晴天道。马穿杨柳嘶，人倚秋千笑，探莺花总教春醉倒。

清明的另一番风情是多么令人向往的场景！

清明节时，无论是大自然中的植被，还是与自然共处的人体，都退去了冬天的污浊，迎来春天的气息，实现了由阴到阳的转化。

所以说清明节的实质是通过缅怀先人来迎接更美好的生活。从这个角度来说，清明节实在是一个快乐和积极的节日。

人们在禁烟、踏青中，不仅要举行斗草、秋千等活动，还要画新妆、嬉闹，直至饮酒、狂饮，可见我国古代踏青活动之兴盛，甚至一些人热衷于踏青，淡化了祭扫。

当时，有些人家"置亲于荒墟"，清明节拜扫只草草了事，而后便与其兄弟、妻子、亲戚、契交放情地游览，尽欢而归。

踏青虽在一年之春，但具体时日常有出入。古人关于踏青时节，说法不一。有说是指农历正月初八、二月初二、三月初三。

后来，由于清明扫墓，正值春光明媚，草木返青，田野一片灿烂芬芳。扫墓者往往在扫墓完毕后，便选择一处芳草地，坐于树下，尽兴地喝酒、娱乐。

至此可见，清明扫墓已经由单纯的祭祀活动衍化而为同时游春访胜的踏青活动。

阅读链接

由于各地习俗不一，寒食清明节插柳的地点和人身体部位也千差万别。

福建《兴化府志》说，门上插柳，也插于头部。广西的《南宁府志》记载，柳枝戴在头上，或系在衣带上。

而广东地区一些县里流传一种说法是，折柳悬于门，并插在两鬓上等。此外，安徽、江苏等地，寒食节还盛行以戴荠花、佩麦叶来代替柳枝与柳叶。

踏青时节巧借东风放纸鸢

　　放风筝和荡秋千，是我国人民在清明节时最喜爱的活动之一，具有几千年的历史了。风筝也称"风琴""纸鹞""鹞子""纸鸢"等，闽南语称"风吹"。风筝是一种比空气重，能够借助风力在空中漂浮的

婴戏图

制品。

■儿童放风筝

风筝起源于我国，据说古代将军曾利用风筝进行测量风速，有人背着风筝从高处跳下保住了性命，更有人曾利用风筝传信求救兵取得了成功。

据民间传说，第一个风筝是由古代著名工匠鲁班用竹子做的。丝绸出现后，又出现了绸制的风筝。自从纸发明以后，才有了纸质风筝，名为"纸鸢"。于是，便有了后人"儿童散学归来早，忙趁东风放纸鸢"的佳句。

在古代，风筝作为一种儿童玩具日渐风行，有人在纸鸢上加以竹笛，纸鸢飞上天以后被风一吹，发出"呜呜"声响，像筝的弹奏声，于是人们便把"纸鸢"改称"风筝"。也有人说"风筝"这名字起源于五代，从李邺用纸糊风筝，并在它上面装上竹笛开始。

在古人那里，放风筝不但是一种游艺活动，而且是一种巫术行为，他们认为放风筝可以放走自己的晦

鲁班（前507—前444年），姓公输，名般，又称公输子、公输盘、班输、鲁般。故里在山东滕州。春秋末期到战国初期鲁国土木工匠。鲁班是我国古代的一位出色的发明家，2000多年以来，他的名字和有关他的故事，一直在广大人民群众中流传。我国的土木工匠们都尊称他为"祖师"。

气。所以很多人在清明节放风筝时，将自己知道的所有灾病都写在纸鸢上，等风筝放高时，就剪断风筝线，让纸鸢随风飘逝，象征着自己的疾病、晦气都让风筝带走了。

《红楼梦》中，李纨劝林黛玉放风筝时说："放风筝图的就是这一乐，所以叫放晦气，你该多放些，把病根儿带去就好了。"后来当紫鹃要去捡别人的风筝时，林黛玉就笑着劝阻说："知道是谁放晦气的，快丢出去罢。把咱们的拿出来，咱们也放晦气。"

所以，别人放走的风筝，是不能捡拾的，否则就会沾上晦气。这种习俗，在我国民间又叫"放断鹞"。后来，风筝也逐渐发展成广为流行的郊游娱乐活动。

每逢清明节，人们不仅在白天放风筝，夜间也要放风筝。夜里，在风筝下或在风筝的拉线上挂上一串

■ 年画大雪丰年放飞风筝

春风早怡举 高柳五云飞 偶题

■ 年画清明放风筝

串彩色的小灯笼，风筝飞在空中就像闪烁的明星，被称为"神灯"。

清明放风筝是普遍流行的习俗。清人潘荣陛所著《帝京岁时纪胜》中记载：

清明扫墓，倾城男女，纷出四郊，提酌
挈盒，轮毂相望。各携纸鸢线轴，祭扫毕，
即于坟前施放较胜。

古人还认为清明的风很适合放风筝。《清嘉录》中说："春之风自下而上，纸鸢因之而起，故有'清明放断鹞'之谚。"

古时放风筝活动从元宵节后一直持续到清明节，所以古时也把清明节称为"风筝节"。

放风筝成为我国汉族及部分少数民族传统的娱乐风俗。我国传统的风筝品种繁多，一般分为硬翅、软

灯笼 我国的灯笼又统称为灯彩，起源于西汉时期。每逢佳节，人们都挂起象征团圆意义的红灯笼，来营造一种喜庆的氛围。后来灯笼就成了我国人喜庆的象征。经过历代灯彩艺人的继承和发展，形成了丰富的品种和高超的工艺水平。我国的灯笼以宫灯和纱灯最为著名。

■ 古代秋千仕女图

翅、板子、串子、立体筒形等几类，其题材也比较广泛，形式多样。

在我国民间，人们还创造了风筝上的附加物，如能发出声音的"鹤琴""锣鼓"，有灯光装置的"灯笼"，有散落携带物的"送饭儿的"等，各具特色。

在清明节，各地还有荡秋千的习俗。我国民间荡秋千的历史非常悠久，秋千的起源，可追溯到上古时代。

那时，我们的祖先为了谋生，不得不上树采摘野果或猎取野兽。在攀缘和奔跑中，他们往往抓住粗壮的蔓生植物，依靠藤条的摇荡摆动，上树或跨越沟涧，这就是秋千最原始的雏形。

秋千最早称之为"千秋"，传说为春秋时代北方的山戎民族所创。开始仅是一根绳子，双手抓绳而荡。后来，齐桓公北征山戎族，把"千秋"带入中原。从此后，荡秋千便成为寒食清明节等节日的民间游戏。

那么"千秋"又何以改为"秋千"这一称呼呢？据说古时，宫中以"千秋"为祝寿之词，取"千秋万寿"之意，人们为了避讳，便将"千秋"两字倒转为"秋千"。"秋千"这一称谓从此就被沿用下来。

最初，荡秋千是一种只限于女子和小孩的游戏，

山戎 春秋时期北方的一支较强大的少数民族。是匈奴的一支。活动地区在今河北省北部，后来成为北方少数民族的泛称。据史书记载，山戎部族以射猎禽兽为生，随畜牧而转移。公元前664年齐桓公兴兵救燕伐山戎，灭掉令支、孤竹山戎部旅，约战国晚期，山戎逐渐销声匿迹。

后来，荡秋千逐渐成为男女皆宜的游戏。

　　古人荡秋千最初只是在清明、寒食节前后才有所见，而且仅仅局限于豪门贵族家的儿女游戏之用，直到南北朝时期，荡秋千才流行并盛行于大江南北，发展为清明节习俗的重要内容。所以，古代清明节也称"秋千节"。

　　《荆楚岁时记》记载：

　　　　春时悬长绳于高木，士女衣彩服坐于其上而推引之，名曰打秋千。

　　古时的秋千多用树枝丫为架，再拴上彩带做成，后来逐步发展为用两根绳索加上踏板的秋千。

　　民俗相传，荡秋千可以驱除百病，而且荡得越高，象征生活越美好。

　　在汉字中，"秋千"两字的古字均有"革"字旁，"千"字还带"走"字，意思是揪着皮绳而迁移。

　　随着时代的发展，人们对传统秋千活动更是花样翻新。荡秋千的形式也由原来的单架式发展为"车链式""八挂式"等多种。

　　车链秋千的制作是先竖

鹤　寓意延年益寿。在古代是一鸟之下，万鸟之上，仅次于凤凰。明清一品官吏的官服编织的图案就是仙鹤。同时鹤因为仙风道骨，为羽族之长，自古就被称为"一品鸟"，寓意第一。鹤代表长寿、富贵，据传说它享有几千年的寿命。

■ 陈枚《月曼清游图》之九

■ 荡秋千活动

一根木桩，将下端固定，再在上端设轴装一大车轮，轮上缚置4条木棍，各伸出一截于轮外，悬吊四挂秋千。而后在先竖的木桩下部横装推杆，推动推杆，秋千便旋荡起来。

八挂秋千是一种装饰华丽的亭式秋千，因悬挂八架秋千而得名。其主体骨架是一根可以转动的木柱，称"老杆"。老杆下端是转轴。

推杆与老杆绑结为一体，推动推杆使老杆转动。同时，以老杆为中心搭设圆形木台，中间设置枢纽，顶端搭成八角亭式伞形，装饰各色彩绸与玻璃镜等。

8个檐角高高挑起，每角悬挂一架秋千。人力推动推杆，八挂秋千便同时飘荡起来。绵山有"秋千岭"，也是历代荡秋千的场所。

荡秋千可以使人心旷神怡，锻炼身体和意志。无疑，这是一种有益的民间体育游艺活动。一些地方的群众认为，荡秋千能祛除疾病。这也许就是荡秋千能世代相传、经久不衰的原因。

荡秋千可分单人荡、双人荡、立荡、坐荡等。每个村镇都有自己的秋千高手，有时还要举行表演比赛。荡得最高最美的人很受乡邻的赞扬。荡秋千的这些日子里，也常常是青年男女相遇、接触的好机会。

此外还有两种特殊的秋千，即"胡悠"和"过梁悠"。

"胡悠"也叫木驴。其做法是：主杆上端有个铁轴，轴头顶在横梁的正中间。横梁两头各吊一个小铁千。人或站或坐在两头的秋千上，边悠荡，边转圈。

"过梁悠"是一种比较复杂的秋千。在牢固的木架上架一个方形大木轮，轮子四角各吊一副小秋千，4个人坐在踏板上，由其他人摇动摇盘，使大木轮转起来。秋千上的人随着大木轮子的转动，或高或低，自在悠荡，煞是惬意。

阅读链接

我国民间还有一种特殊的秋千"板不煞"。板不煞就是"摔不死"。

在秋千架的横梁上穿一个辘轳头，上面绕一条粗绳两头垂下，其中一个绳头上固定一根脚踏棍。开始耍时，两只脚踏在踏脚棍上。两腿夹绳，两手紧拽另一个绳头，使绳子这头往下转，那头带着人往上升。

在秋千横梁上头的半圆形荆条吊着花生、糖果、香烟、酒等赏品。谁能升到上头，牢稳地固定在辘轳头上，再伸手向上去摸赏品，谁就是好样的。摸着哪一种奖品，就奖给这个人。

一般人往往上不去就摔下来，或者上去了没把紧辘轳头，又滑溜下来或摔下来，故名"板不煞"。由于秋千架下垫着松软的沙土或柴草，不会出危险，又称"摔不死"。

隆重的清明节宫廷馈宴

古代寒食清明节，是上至朝臣、下至百姓普遍看重的传统节日。节日期间有着丰富的活动内容。

然而，朝臣们所企盼的活动与百姓相比显然有着天壤之别。就是说，百姓在寒食节期间的活动内容无非禁火、扫墓、插柳、踏青及从事一些事关节令的农事杂务。而皇家朝臣们则要在这一天追求诸如品

古代寒食节画像砖

茶、集宴、蹴鞠、泛舟、斗鸡、拔河、春赛一类高档次的活动。

■ 古代寒食节泛舟

在南北朝时期，帝王要在寒食节这一天馈宴群臣。

据史料记载：492年2月，因太华殿被毁，太极殿刚刚始建，这一年的寒食飨宴只得作罢。

另据《时镜新书》记载，北齐的尚书右仆射监修国史官魏收，在寒食节馈赠给王元景粥食。

王元景回书说道：

始知令节，须御麦粥。加之以糖，弥觉香冷。

此后，至唐代，寒食清明节馈宴群臣已成为惯例，集宴的名目也趋于繁多。到宋代，王室对宰臣寒食节日的赏赐更加可观。

在馈宴之时，皇上还要带领群臣观看杂技表演、

尚书右仆射 尚书仆射为尚书令之副职。尚书后来称为省，尚书令阙，仆射便是尚书台的长官。成帝时期，罢宦官专用士人，置尚书五人，以一人为仆射，掌授廪、假、钱、谷。仆射初置一人，至199年置左右仆射，左仆射又有纠弹百官之权，权力大于右仆射。魏晋以后，仆射已处于副相地位，号称端副。

娱乐。随着时代的发展，王室对宰臣寒食节日的赏赐更加可观了。

古代有法制规定，仆射、御史大夫、中丞、节度留后、观察、内客省使权知、开封府王等，来到寒食赉签赐羊酒和米面。立春时赐以春盘，寒食节赐以神馓和饧粥等。

又规定，在冬至、二社、重阳、寒食，枢密近臣、禁军大校，或赐宴其第。

古代帝王馈宴的礼仪程序很是复杂。膳宰要在路寝东边准备群臣的饮食。乐人为宴饮挂上新的钟磬。在东阶的东南方对着东边屋檐滴水处放置洗和篚。

罍和水在东边。篚在洗的西边，靠南陈设。盛饭食的篚在它的北边，朝西。司宫在东楹柱的西边置两个方壶。两个方壶的左边放玄酒。

国君专用的酒器有两个，遮盖的巾用粗葛布和细

■ 古代帝王馈宴图

麻布，在方壶的南边，以南边为上位。在寝门的西侧为已入官而未受正禄之士设两个圆壶。司宫在户西为宾设席，以东边为上位，没有增加的席。

届时，主持宴礼的人报告国君："准备完毕。"

小臣在东阶上为国君设席，席头朝西，设置加席。国君登堂在席位上就座，面向西。

接着，小臣再引卿大夫，卿大夫皆从门的右边进入，面朝北，以东为上位。士站立在西边，面朝东，以北边为上位。祝史站立在门的东边，面朝北，以东边为上位。小臣之长一人在东堂下，面朝南。已入官而未受正禄之士站立在门的西边，以东边为上位。

国君下堂站立在东阶的东南，面朝南，向卿揖礼，卿进前面朝西以北为上位；向大夫揖礼，大夫皆稍前进。射人再向国君请命主宾。

国君说："命某大夫为主宾。"

射人把国君的命令转告主宾。主宾稍进前，推辞"自己不敏"。射人又把主宾的言辞报告给国君。国君再次命令，往复两次主宾再拜稽首，答应。

罍 商朝晚期至东周时期大型的盛酒和酿酒器皿，有方形和圆形两种形状。其中，方形见于商代晚期，圆形见于商朝和周朝初年。从商到周，罍的形式逐渐由瘦高转为矮粗，繁缛的图案渐少，变得素雅。

堂 正房，高大的房子，可以用来表示同祖父的亲属关系。旧时官吏审案办事的地方也被称作堂，还可以用作量词。我国一些老字号的中医药店，多以"堂"相称，如济生堂、同仁堂、长春堂等。

卿大夫 西周、春秋时国王及诸侯分封的臣属。规定要服从君命，担任重要官职，辅助国君进行统治，并对国君有纳贡赋与服役的义务。但在其分封管辖区域内，为一辖之主，世代掌握所属都邑的军政大权。通常，卿的地位较大夫为高，卿的田邑较大夫为多，并掌握国政和统兵之权。

射人再次向国君报告。主宾走出站立于门外，面朝东。国君向卿大夫拱手行礼，然后登堂就席。小臣自东阶下，面朝北，请拿瓦大盖巾和进献食物的人。命令拿巾的人，从西阶登堂，站立在方壶南边，面朝北，以东边为上位。

然后，膳宰向诸公卿进献美味的食物。射人引主宾进。主宾进入，到堂前，国君走下一级台阶，向主宾拱手行礼，国君登堂就席。

主宾从西阶登堂，宰夫代国君主持宴饮者也从西阶登堂。主宾在右面，面朝北，宰夫为主宾到来行再拜礼。主宾再拜答礼。

待洗手完毕，宰夫在筵席前进献主宾。主宾在西阶上拜谢，在筵席前接受酒爵，回到原位。宰夫在主宾右边为送上酒爵行拜礼。

膳宰进献干肉、肉酱，主宾登上筵席。膳宰摆上

■ 宋代帝王馈宴图

盛牲体骨的俎。主宾坐下，左手拿酒爵，右手祭干肉、肉酱，把酒爵放在祭物的右边，宴饮才算正式开始。

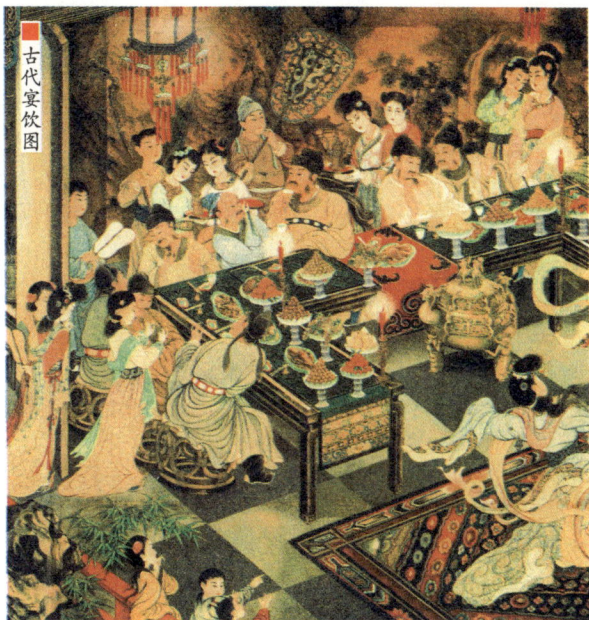
古代宴饮图

寒食清明节是重大的节日，一些朝代为了使这一天的皇帝馈宴兴致不受干扰，还特定了许多特别的律令。其中，就有规定各诸陵守官，寒食清明节期间不得强拉百姓办杂差等。

到后来有的律令规定：京师隶、将作、女子隶和少府缝作，均给假一天；八腊和寒食均给假两天；禁大寒食以鸡卵相馈送等。

据《册府元龟》载，五代后晋出帝下诏：四京诸道、州府，处决罪犯，遇大祭祀，正冬、寒食、立春、夏雨未晴，以上并不得行极刑。如有已断案，可取次日及雨雪后施行。

由此看来，清明寒食已成为当时法定的节假日，人们在这一天欢饮娱乐及所进行的活动，已明显带有政令的色彩。

阅读链接

后来，帝王在寒食清明节馈宴中减少了蹴鞠、拔河等竞技类活动项目，增加了观花、赋诗等高雅的内容。

每当宴饮完毕，直至酒酣之际，百官各赋奉诏赏花诗，帝也作诗分赐之，或赐五言诗，或赐七言诗，有时还特赐群官入观皇上御书。

保健功效的寒食节美食

在古代，清明这一天有吃"饧大麦粥"的习惯。据《荆楚岁时记》记载，寒食"禁火三日，饧大麦粥"。此粥的做法是，先将大麦磨成麦浆，煮熟，再将捣碎的杏仁拌入，冷却后切成块状，吃时在上面浇上饧粮即可。这是有记载的最早的清明节食品。

北魏贾思勰在《齐民要术》中，也介绍了一种清明节冷食，叫作

古代画像砖

■ 古代清明节冷食

"寒具"，其实这是一种甜面饼。"以蜜调水溲面，若无蜜，取枣煮汁。牛羊膏脂亦得。用牛羊乳亦好，令饼脆美。"这也是一种冷食，吃起来香甜酥脆。

按曹操《明罚令》，晋阳一带士民冬至后很长时间皆绝火食寒食，李岳的运大麦车清明节方到，自然耽误了时机。这则故事还说明，晋阳人寒食节有用大麦煮麦粥、食麦粥的习俗。

东晋陆翙在《邺中记》记载并州之俗，说道：

冬至后百五日为介之推断火，冷食三日作乾粥，中国以为寒食。

南北朝梁朝宗懔撰写的《荆楚岁时记》，记录古代楚地岁时节令风物故事的笔记体文集中也记载：

孙楚祭介之推云："𫗦一盘，醴酪两盂。今寒食有杏酪，麦粥，即其类也。

孙楚（约218—293年）西晋诗人。史称其"才藻卓绝，爽迈不群"，多所陵傲，故缺乡曲之誉。魏末，孙楚已40多岁，才入仕为镇东将军石苞的参军，后为晋扶风王司马骏征西参军，晋惠帝初为冯翊太守。刘义庆的《世说新语》载其逸事。

祭祀的清明

■ 古代清明节饮食
场景

雕刻 对雕、
刻、塑三种创制
方法的总称。指
用各种可塑、可
雕、可刻的硬质
材料创造出具有
一定空间的具有
可视、可触的艺
术形象，借以反
映社会生活，表
达艺术家的审美
感受、审美情感
和审美理想的艺
术。其历史悠
久、技艺精湛的
各种雕塑工艺，
是我国工艺美术
中一项珍贵的艺
术遗产。

按南北朝时期农业科学家贾思勰的《齐民要术》中讲，煮醴酪即为麦粥。

另据唐玄宗时期学者丘悦编写的史书《三国典略》记载，邺城人李岳为门客说服，用本钱广收大麦，用车运往晋阳，以求寒食节在晋阳一带卖高价。

由于路途耽误，结果车到晋阳已是清明节令，无奈又载回邺城。

到了五代，除了一般的冷食粥饼以外，还加上了制作"艺术"鸡蛋的习俗。清明节"艺术"蛋大致分为两种，一种是"画蛋"，就是在蛋壳上染上各种颜色，只不过颜色不同而已。

另一种则是"雕蛋"，在蛋壳上雕刻成画，这需要高超的技术，这种蛋仅供赏玩。

明代陈继儒的《珍珠船》也记载在南朝时：

梁武帝寒食赐麦粥。

粥也称糜，是一种把稻米、小米或玉米等粮食煮成的稠糊的食物。依照元代医家学罗天益在《宝鉴》一书中记载：粳米、粟米做成的粥，气味淡薄，阳中带阴，所以清淡舒畅，能利小便。

古人都极力称赞粥的养生保健功效，在长寿之乡，许多老人就是通过坚持早晚喝粥，治好了胃痛、失眠和便秘的毛病。

这就是五谷都能治病的原理。吃粥既节省时间，味道又美，喝完粥后睡一觉，妙不可言，人们都称粥有很大的益处。

寒食粥品类繁多，洛阳人家亦有食桃花粥和梅花粥的习俗。具体做法是，收取落花瓣，洗净后用水煮粥，候粥熟，再将花瓣下锅，一滚即起食。

此外，还有一种冬凌粥，其为寒食节的高档食品，普通人家很难享用。旧时有商家，每逢节日专卖

五谷 古代所指的五种谷物。"五谷"在古代有多种不同的说法，最主要的有两种：一种指稻、黍、稷、麦、菽；另一种指麻、黍、稷、麦、菽。两者的区别是：前者有稻无麻，后者有麻无稻。古代经济文化中心在黄河流域，稻的主要产地在南方，而北方种稻有限，所以五谷中最初无稻。

相沿成俗

■ 古代清明节食俗

■ 清明节传统食品
馓子

冬至 我国农历中一个非常重要的节气，俗称"冬节""长至节""亚岁"等。早在2500多年前的春秋时代，我国就已经用土圭观测太阳，测定出了冬至，是二十四节气中最早制定出的一个。我国北方大部分地区有吃饺子的习俗、南方有吃汤圆、吃南瓜的习俗。

这一名食，寒食节专卖食品，必少不了冬凌粥。当时，朝有掌饮膳酒礼的食官，律法规定：凡是元旦、寒食和冬至，都要专门供送食品给六品以上的朝官。

粥作为食品，很适合肠胃不适的人食用。粥能增强食欲，缓解体力生病时的食欲不振。与清粥搭配一些色泽鲜艳又开胃的食物，例如梅干、甜姜、小菜等，既能促进食欲，又为虚弱的病人补充体力。此外，人们在寒食节期间不仅要吃凉粥，还要吃煮鸡蛋、盐醋拌生菜等。

我国南北各地清明节都有吃馓子的食俗。"馓子"古时叫寒具，是一种用糯粉和面扭成环的油炸面食品，味道香脆精美，口感极佳。

北魏著名农学家贾思勰在《齐民要术》中就详细记载了三国两晋南北朝时期寒具的制作方法。

"馓子"历代又有"粔籹""细环饼""捻头"等

名称。是用水和面，搓成细条，扭结为环钏形状，油炸而成。因其酥脆香甜，逐渐成为我国人民的日常点心。

在安徽，每逢节日，则以"馓子"祭祖并互相馈赠。回族、东乡族也做馓子，配料、方法和汉族不尽相同。馓子，用面粉制成，细如面条，呈环形栅状。后来，流行于汉族地区的馓子有南北方的差异：北方馓子大方洒脱，以麦面为主料；南方馓子精巧细致，以米面为主料。

在少数民族地区，馓子的品种繁多，风味各异，尤以维吾尔族、东乡族和纳西族以及回族的馓子最为有名。

对于寒具，通常的解释是，古人过寒食，一天早晚不动烟火，只能吃冷食，而吃冷食对人的肠胃又没好处，远不如油炸食品容易储藏，且不伤肠胃，于

《齐民要术》

北魏时期的杰出农学家贾思勰所著的一部综合性农书，也是世界农学史上最早的专著之一，是我国完整保存至今的最早一部农书。书名中的"齐民"，指平民百姓；"要术"指谋生方法。《齐民要术》系统地总结了农牧业生产、加工与贮藏、利用等，对我国古代农学的发展产生重大影响。

不断发扬

相沿成俗

■ 清明节传统食品馓子

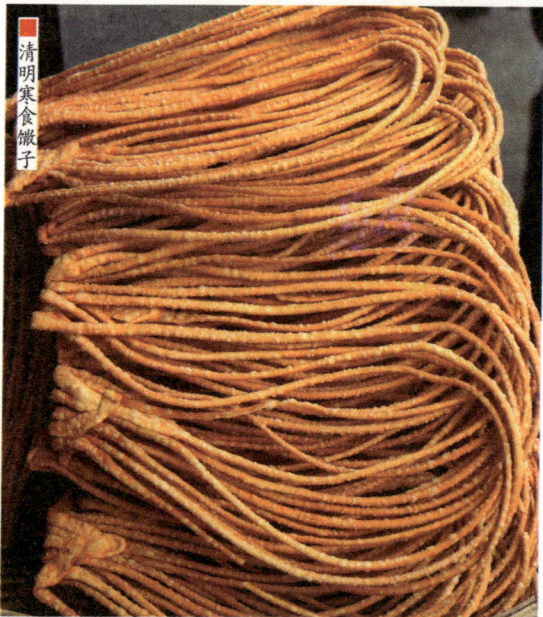
清明寒食馓子

是，人们便提前炸好一些环状面食，作为寒食期间的快餐。

既是寒食节所具，就被叫作"寒具"了。这类解释未必可靠，但是暂时还没有更可靠的解释。贾思勰在《齐民要术》里讲到寒具，说明寒具在两晋就已是一种流行食品。

我国民间比较著名的馓子包括：衡水馓子、济宁馓子、徐州馓子、淮安茶馓、回乡馓子、麻衣馓子等。

衡水的油炸馓子以其香脆、咸淡适中、馓条纤细、入口即碎的特点，赢得人们的喜爱。董仲舒在衡水任职期间就非常喜食这种馓子。

衡水民间常用馓子泡汤，配以延胡索、苦楝子治疗小儿小便不通；用地榆、羊血炙热后配馓子汤送下，治疗红痢不止。尤其是产后妇女，在月子里喝红糖茶泡馓子，以利于散腹中之瘀。不过衡水人最喜爱的食法是直接吃馓子，有时配以稀粥，吃起来惬意舒坦。

济宁馓子中要数王家馓子最为出名。创始人王宪章老先生根据馓子的传统工艺，通过多年的探究，研制出具有独自特色的细条馓子，香酥可口，色味俱佳，很快受到了消费者青睐。

王老先生之子王立平继承王家馓子传统工艺，改良技术，继续弘扬济宁饮食文化，使王家馓子在济宁成为家喻户晓的地方名吃。

徐州人爱吃的主要是蝴蝶馓子、烙馍卷馓子。徐州的蝴蝶馓子以其香脆、咸淡适中、馓条纤细、入口即碎的特点，深受人们的喜爱。

徐州的蝴蝶馓子外形美观，口感颇佳。

淮安茶馓是江苏省知名传统点心，可谓历史悠久，驰名中外，是中华名小吃之一。其色泽嫩黄，造型秀丽，松酥香脆，独具风味。

茶馓是用红糖、蜂蜜、花椒、红葱皮等原料熬成的水和适量的鸡蛋、清油和面，然后反复揉压，搓成粗条，捻成面团，搓成或押成由粗细匀称、盘连有序的圆条构成环状物放入油锅炸至棕黄色即成。

在西北地区的人们都有吃馓子的习惯，叫回乡馓子。一般情况下，这里汉族选在腊月底制作回乡馓子，过年时招待客人，在正餐前食用。而回族、撒拉族等一些少数民族的群众，在每年欢度传统的古尔邦节、尔德节、圣纪节，以及婚丧大事中，都把馓子作为待客的主要面食食品。

麻衣馓子色泽黄亮，香脆味甘。过春节，有的汉族人家也请少数民族邻里巧手帮做油馓子，用以招待兄弟民族客人，可见油馓子亦成为各族人民共同喜爱的名点美食了。

馓子也是信仰伊斯兰教的少数民族的风味名点之一，由于地区不同，也别称膏环、捻头等。

在古尔邦节和肉孜节，信仰伊斯兰教的家庭的餐桌上，都有一盘

清明寒食馓子

黄澄澄的多层的圆柱形的油馓子。

在宁夏各地，每逢节日喜庆，回族妇女便各显身手，做出形状各异的多种馓子，点缀节日气氛。

当客人来到时，宾主互致节日问候。客人入座后，主人首先掰下一束油馓子递到客人面前，然后斟上香喷喷的奶茶或茯茶，殷勤地给客人泡上主人喜欢食用的新疆石河子产的方块糖。客人吃着油馓子喝着茶，主人高兴地连声说"谢谢"，感谢客人的光临。

馓子最常见的吃法，是用烙馍卷之。烙馍既不同于北方的单饼，也不同于很多地方都有的煎饼。烙馍作为一种徐州特有的面食，已有2000多年的历史了。

相传楚汉相争时，刘邦率兵与项羽作战，刘邦的军队因纪律严明而深受徐州老百姓的拥戴。为了能让行军途中刘邦的军队吃上一顿饱饭，徐州的老百姓急中生智，发明了这种制作简捷快速又方便实惠的面食，这便是流传至今的著名小吃——馓子。

祭祀的清明

阅读链接

关于寒具还有个典故。

东晋时有个大将叫桓玄，此人附庸风雅，收藏了大量名贵书画，又爱显摆，每有朋友登门，就拿出来让人一同观赏。

一日，桓玄广邀宾客，大摆宴席，酒足饭饱之后，又取出一幅珍品请人品评。

那天的饭食当中有寒具，桓玄的客人吃寒具就像我们今天吃麻花那样，用手抓着往嘴里塞，一顿饭下来，手上都沾满了油，当大家在桓玄那幅画作上指指点点之时，油印子就转移到了画上，好好一幅画就这样被糟蹋了。

桓玄心疼得要命，从此吸取教训，再请人吃饭一律不上寒具了。

各地不尽相同的清明食俗

关于清明食俗，一定要提到闽东畲族的乌稔饭。每年的三月初三，畲族人民家家户户都要煮食乌稔饭，并以此馈赠给汉族的亲戚朋友们。

久而久之，当地的汉族人民也有了清明时吃乌稔饭的习俗。特别是枯荣县民间，每年都要用乌稔饭来祭祀，可见我国自古以来就是一个各民族和睦相处的大家庭。

据畲族民间传说，唐代的畲族英雄雷万兴被围困山中时，正赶上严冬粮断。畲军只得采摘乌稔果充饥。雷万兴遂于农历三月初三率众

畲族人物塑像

下山，冲出重围。

从此以后，每到三月初三，雷万兴总要召集兵将设宴庆贺那次突围胜利，并命畲军士兵采回乌稔叶，让军厨制成乌稔饭，让全军上下饱食一顿，以示纪念。

乌稔饭的制作方法并不繁杂，将采摘下来的乌稔树叶洗净，放入清水中煮沸，捞去树叶，然后将糯米浸泡在乌稔汤中，浸泡9小时后捞出，放在蒸煮笼里蒸煮，熟时即可食用。

畲族人物画

制好的乌稔饭，单从外表来看，不甚美观，颜色乌黑，然而米香扑鼻，与一般糯米饭相比，别有一番风味。而畲族人民为了纪念英雄，此后每年的三月初三都要蒸乌稔饭吃，日久相沿，就成为畲家风俗。

又因闽东一带畲汉杂居，人民历代友好相处，遂使食乌稔饭也成了闽东各地各民族共同拥有的清明食俗。

畲族乌稔饭自唐代以来就是畲族同胞过节的传统食品，它用来自大自然乌稔树的绿色树叶泡制而成，具有色香味和开胃健脾、驱湿膳疗的作用，是男女老幼四季皆宜的绿色食品。

乌稔饭可冷冻保鲜60天以上，用时经解冻后再蒸，热透后即可配料制作各种佳肴。此外，闽东各地无论城乡大多吃"芥菜饭"，据说吃了这种饭就可以终年不长疥疮。

而且在这段时间里，在闽东许多城乡中还可以吃到一种富有闽东特色的食品，那就是将春菊和金樱子花拌到磨好的米浆里，烙熟为时令小吃。这种小吃颇富乡野风味。

在我国的一些地方，清明节有吃鸡蛋的食俗。民间习俗认为，清明节吃个鸡蛋，一整年都有好身体。清明吃鸡蛋的习俗，在我国已经有几千年的历史了。

煮鸡蛋用的是冬天麦田里的荠菜，整株带根洗净，将鸡蛋稍稍敲破一点儿，使之更加入味。煮好的鸡蛋有浓浓的荠菜清香味。据说这种蛋还有治疗头昏的功效呢。

在农村的一些地区，还有儿童之间"撞鸡蛋"的习俗。小孩们还喜欢相互碰熟鸡蛋，如果哪个孩子的鸡蛋皮结实，把其他孩子的鸡蛋皮都碰破了，那么这个孩子就是最骄傲的。

清明节前一天为寒食节。后因寒食和清明相连，逐渐合为一个节日，但节前蒸"子推馍"的习俗，在陕北的榆林和延安两地一直流传至今。

"子推馍"，又称老馍馍，类似古代武将的头盔，重0.25至0.5千克。里面包鸡蛋或红枣，上面有顶

■ 山西子推馍

炕 又称火炕，或称大炕，是北方居室中常见的一种取暖设备。古时满族人也把它引入了皇宫内。盛京皇宫内多设火炕，而且一室内设几铺，这样既解决了坐卧起居问题，又可以通过如此多的炕面散发热量，保持室内较高的温度。东北人住火炕的历史有千年以上。

子。顶子四周贴面花。面花是面塑的小馍，形状有燕、虫、蛇、兔或文房四宝。

圆形的"子推馍"是专给男人们享用的。已婚妇女吃条形的"梭子馍"，未婚姑娘则吃"抓髻馍"。孩子们有燕、蛇、兔、虎等面花。"大老虎"专给男孩子吃，也最受他们喜欢。

父母用杜梨树枝或细麻线将各种小面花穿起来，吊在窑洞顶上或挂到窗框旁边，让孩子们慢慢享用。风干的面花，能保存到第二年的清明节。

晋南地区民间习惯吃凉粉、凉面、凉糕等，同时民间还要蒸大馍，中夹核桃、红枣、豆子之类，称为"子福"。取意子孙多福，全凭祖宗保佑。

家家还要做黑豆凉粉，切薄块灌汤而食。铲萎蕤草，在炕席上搓拉，名为"驱蝎"。

■ 晋南大馍

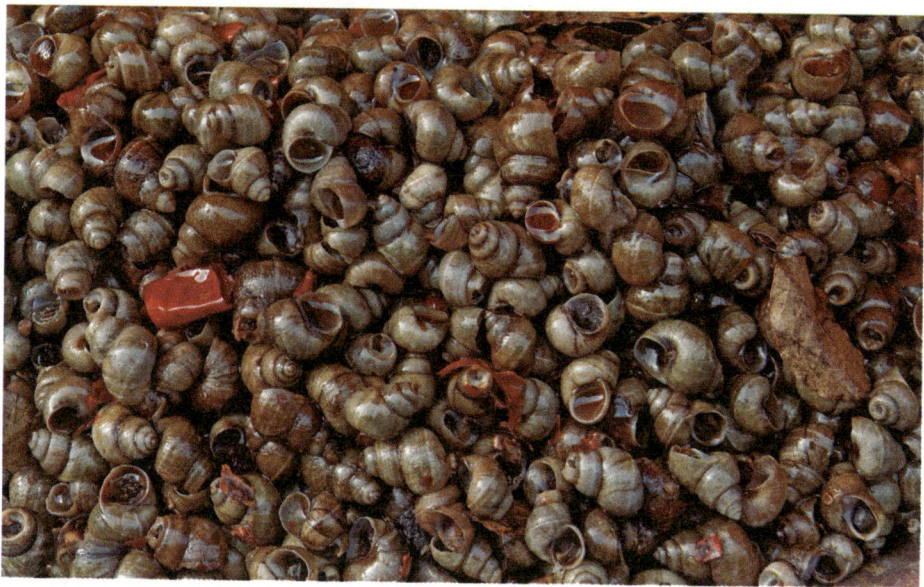

浙江湖州炒螺蛳

在陕西宜川地区，民间有：

做馒头相馈，上缀多样虫鸟，名为子推，谓晋文公焚山，禽鸟争救子推也。

上海旧时，用柳条将祭祀用过的蒸糕饼团穿起来晾干，到立夏那天，再将其油煎，给小孩吃，据说吃了以后不得疰夏病。

上海还有吃青团的习俗。将雀麦草汁和糯米一起捣和，然后包上豆沙、枣泥等馅料，用芦叶垫底，放到蒸笼内。煮熟出笼的青团色泽鲜绿，香气扑鼻。《清嘉录》云：

市上卖青团、熟藕，为居人清明祀先之品……今俗用青团红藕，皆可冷食，犹循禁火遗风。

祭品 即祭祀时用的物品。根据不同种族和不同地域，祭品的形式十分丰富，有动物如猪、牛、羊、鸡，也有植物，还可以是衣物等物品。在远古时代和愚昧时代，甚至拿活生生的人作为祭品；暴政时期也曾出现过用活人陪葬与祭祀的情况，十分残忍。

祠 是为了纪念伟人名士而修建的供舍，这点与庙有些相似，因此也常常把同族子孙祭祀祖先的处所叫"祠堂"。东汉末年，社会上兴起建祠抬高家族门第之风，甚至活人也为自己修建"生祠"。由此，祠堂日渐增多，形成了独特的民风。

清人《锦城竹枝词》有诗云：

欢喜庵前欢喜团，春郊买时百忧宽。
村醪戏比金生丽，偏有多人醉脚盆。

在浙江湖州，清明节家家裹粽子，不仅可做上坟用的祭品，也可做踏青带的干粮。

俗话说："清明粽子稳牢牢。"

另外，这里清明前后，螺蛳肥壮。俗话说："清明螺，赛只鹅。"因此这里有清明吃螺蛳的习惯。这天用针挑出螺蛳肉烹食，叫"挑青"。吃后将螺蛳壳扔到房顶上，据说屋瓦上发出的滚动声能吓跑老鼠，有利于清明后的养蚕。

■ 山西清明节面食

清明节这天，这里还要办社酒。同一宗祠的人家在一起聚餐。没有宗祠的人家，一般同一高祖下各房子孙在一起聚餐。社酒的菜肴，荤以鱼肉为主，素以豆腐、青菜为主，酒以家酿甜白酒为主。

每到清明时节，泉州人有吃"润饼菜"的食俗。据说，这是古时寒食节食俗之遗风。

不断发扬

相沿成俗

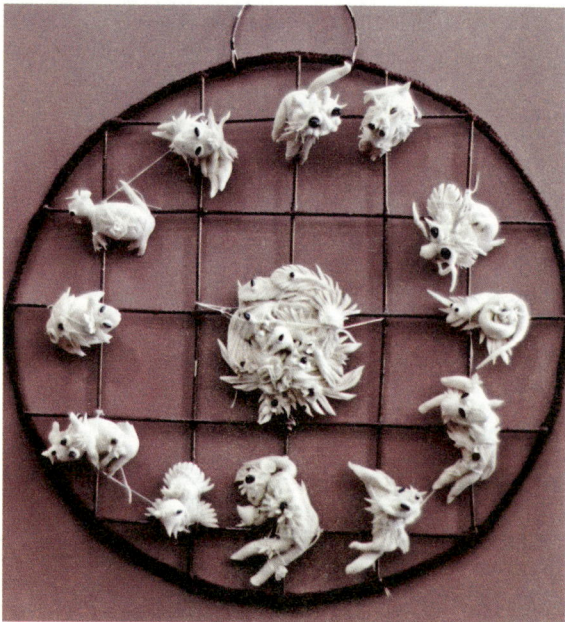

■ 山西清明节面食

"润饼菜"的正名是春饼。清明吃润饼，不是泉州独有的，厦门人也喜好。相传开这种吃法之先河的，是明朝总督云贵湖广军务的同安人蔡复一。当时同安属泉州府辖，因此这种吃法便流传开来，在闽南成了家常名品。不过，闽南各地的春饼形式相同，内容却有很大不同。

泉州的"润饼菜"是以面粉为原料擦制烘成薄皮，俗称"润饼"或"擦饼"，吃的时候铺开饼皮，再卷入胡萝卜丝、肉丝、蚵煎、芫荽等菜肴，吃起来甜润可口。

晋江的"润饼菜"却复杂得多，光主料就有豌豆、豆芽、豆干、鱼丸片、虾仁、肉丁、海蛎煎、萝卜菜。还有一些配料：油酥海苔、油煎蛋丝、花生敷、芫荽、蒜丝。吃的时候必须两张"润饼皮"才能

蔡复一 字敬夫，号元履，福建同安人，1577年生人。他自幼聪明过人，12岁时便写出万余言的《范蠡传》。蔡复一为官，奉守"报国以忠心，担国事以实心，持国论以平心"之旨，以"正己不求"律己，为许多正直官员所称许。蔡复一博学多才，工诗能文，一生著作颇丰。

保证卷上所有的菜。这种脆嫩甘美、醇香可口的美味，一般人一餐两卷足矣。

南方一般以糯米粉制作清明节食物。在浙江临安，人们常用嫩莲拌糯粉，做成狗的形状，蒸熟叫作清明狗。家里有几口人就要做几只，每人吃一只。民谚曰："吃了清明狗，一年健到头。"这也是图一个吉利。

山西南部还有一种叫"子福"的面食，是在一个大馒头中插一枚鸡蛋或者核桃，再用面捏出蛇、蝎、蜈蚣等形状，绕在鸡蛋旁边，造好型后，上笼蒸熟。在清明节那一天人们将"子福"用作上坟的供品祭祀祖先。祭祀之后，大家分食。据说，吃了"子福"能给后代带来幸福。

在山西霍县和山东胶东一带，有一种面塑食品叫"蛇盘盘"，将面捏成单头蛇或双头蛇，蒸熟后放凉，祭祖时拿到祖先墓前作为供品。祭祀时，人们拿着"蛇盘盘"先绕坟头转一圈，祭祀后就可以吃了。吃时要先咬掉蛇头，意思是"灭毒头，免灾祸"。

阅读链接

在晋北地区，清明节习惯以"炒奇"，即将糕面或白面蒸熟后，切成骰子般大小的方块，晒干后炒黄，作为寒食日的食品。

在一些山区，这一天还要全家吃炒面，即将五谷杂粮炒熟，磨成面，拌以各类干果脯。

在晋北地区，清明节还习惯生黑豆芽，并用玉米面包黑豆芽馅食用。在晋西北地区，清明节讲究用黍米磨面做饼，俗称"摊黄儿"。

唐代，唐玄宗把寒食节定为全国法定节假日，极大地提升了寒食节的影响和地位。

寒食清明节是在有些寒冷的春天，又要禁火吃冷食。人们担心有些老弱妇孺耐不住寒冷，也为了防止寒食冷餐伤身，便定了一些喜闻乐见的户外活动。

到了隋唐五代时期，镂鸡子、斗鸡卵、走马、斗鸡等习俗，吃乌稔饭、吃煮鸡蛋、吃子推馍等食俗，以及在盛唐得以兴盛的马球运动等，成为节日里较为常见的节日习俗。

特别是北魏、辽、金、元、明和清代兄弟民族的人民，对寒食节俗的认同和参与，通过寒食文化的交流、融合，对促进民族团结和政权巩固具有潜移默化的作用。

随俗雅化

寒食节首次成为法定节日

唐代节令众多，最隆重的有八节，即元日、上元、中和、寒食、上巳、中秋、重阳、冬至。其中寒食最受到人们重现。

寒食清明，一则节日祭祖，文人们不免思乡念亲，神牵魂绕；二则万象更新，百般随意，文人借景生情，感慨尤多；三则寒食节史话

唐代寒食节娱乐活动

■ 白居易（772-846年）唐代伟大的现实主义诗人，中国文学史上负有盛名且影响深远的诗人和文学家。他有"诗魔"和"诗王"之称。官至翰林学士、左赞善大夫。有《白氏长庆集》传世，代表诗作有《长恨歌》《卖炭翁》《琵琶行》等。

悠长，文人学识博闻，鉴古喻今，灵感顿生。

寒食清明节本是国人共度的节日，但其与诗人更有着不解之缘。

唐代诗人白居易《赋得何处难忘酒》诗句道：

何处难忘酒，朱门羡少年。

春分花发后，寒食月明前。

小院回罗绮，深房理管弦。

此时无一盏，争过艳阳天。

在诗人心目中，人生最难忘的事，不是他乡遇故知和金榜题名一类的喜事，而是寒食节难得有酒喝。此情非白居易一人的感受。

在敦煌文书中，存有唐代进士王冷然的《寒食篇》。书中记载的内容反映出唐人对寒食节的看法，诗道：

天运四时成一年，八节相迎尽可怜。

秋贵重阳冬贵腊，不如寒食在春前。

焚火初从太原起，风俗流传几千祀。

算取去年冬至时，一百五日今朝是。

唐代寒食节仕女赏花图

曲江青杏花开槛
手同者有后才今
日玉人何处听桃
边应梦马骄东

在唐代，上至宫廷，下至民间，都把寒食节视为重要的节令。人们会围绕寒食节展开一系列特点鲜明、格调突出的节令活动，其风俗也十分兴盛。

唐玄宗顺应民意，颁诏将寒食节拜祭扫墓编入《开元礼》中，并定为全国法定长假。

丰富多样的寒食清明节活动，充实了社会生活，增进了社会人际和谐关系，对缓解社会矛盾、推动社会不断前进起了重要作用。

唐代寒食放假，也恩及官户和奴婢。据《唐六典》记载："官户和奴婢在元日、冬至和寒食三个节日，都要放三日假。"

官户和奴婢是唐代等级最低下的人，一年到头苦于役使，仅有3次假休，而寒食节就是其中之一。由此可见，寒食节在唐代整个社会生活中的地位是非常重要的。

这一时期，人们过寒食节不仅要求禁烟食冷食，同时又增加了斗鸡、扫墓、踏青、荡秋千、馈宴、镂鸡子、蹴鞠和品新茶等内容。

后世传承唐代的习俗，寒食节

又新增一项规定，即放假7天。寒食节活动又增加了赋诗、赏花、馈赠、斗百草、打瓦和放风筝等内容。

《全唐诗》卷李崇嗣的《寒食》记载："普天皆灭焰，匝地尽藏烟。万井人家初禁火，九原松柏自生烟。"《和宋之问寒食题临江驿》记载："闻道山阴会，仍为火忌辰。"《奉天寒食书事》记载："处处无烟火，人家似暂空。"

诗人们反映寒食节的作品比比皆是，唐代诗人李商隐，寒食夜里住在绵山脚下的冷泉驿，写出了禁火感受：

元稹 （779-831年），字微之，别字咸明，唐代中晚期著名诗人，官至宰相。父亲名为元宽，母亲郑氏，为北魏宗室鲜卑族拓跋部后裔。早年和白居易共同提倡"新乐府"。世人常把他和白居易并称"元白"。代表作品有《菊花》《离思五首》《遣悲怀三首》《兔丝》等。

> 介山当驿秀，汾水绕关斜。
> 自怯春寒苦，哪堪禁火赊。

■ 李商隐雕塑

寒食禁烟连皇宫内都不例外。唐代诗人元稹在《连昌宫词》中有"初过寒食一百六，店社无烟宫树绿"的诗句；北宋文学家李方叔的《寒食》道："千株密炬出严闉，走马天街赐近臣。"宋人宋白《宫词百首》道："寒食宫中也禁烟，郁金堂北画秋千。"

寒食节禁烟，尽管皇家有灵活机动的对策，但寒食传统习俗禁火冷食，连皇室也受到约束，

祭祀的清明

■ 皮影戏《崔护取水》

这确是事实。这些诗咏，说明了唐代寒食节时家家灭火，从南到北，风俗如一。

寒食灭火，意在敬重介之推，唐人心目中依然保留着一定程度的怀旧成分，这一点也可从唐人诗歌中搜寻出来。

《全唐诗》说道：

> 子推言避世，山火遂焚身。
>
> 四海同寒食，千秋为一人。
>
> 处处哭声悲，行人马亦迟。
>
> 店闲无火日，村暖斫桑时。
>
> 泣路同扬子，烧山忆介推。

《全唐诗》 清朝初年编修的汇集唐代诗歌的总集。全书共900卷，共收录唐代诗人2529人的诗作42863首。1705年，曹寅、彭定求、沈立曾、杨中讷等奉敕编纂，成书于第二年。是我国规模最大的一部诗歌总集。

当然，唐人过寒食节，主要的目的已不是纪念前贤，而是眷恋春光妩媚的自然环境和丰富多彩的游乐活动。

所以，唐代诗人咏及寒食节，追怀介之推的人很少，而描述当时民俗风情的人却有很多。其中还有一段动人的故事。

据传，唐代的岭南节度使崔护，早年科举进士不第。清明节独游城南，因酒渴思水，向一民居叩门，一女子开门迎之，复取出水让喝时，独靠在桃树下伫立。崔护喝完谢别，女子送至门外，露出不胜之情。

第二年清明节，崔护又访寻到此家。叩门半天，无人接应，于是在门上写道：

去年今日此门中，人面桃花相映红。
人面不知何处去，桃花依旧笑春风。

数日后，崔护又复去，有老父出门说："吾女知书，还未聘人。去年以来，常恍惚若有所失。前日出门看到所题诗句，回家后遂不食，现已昏死去数日！"

崔护听罢，赶忙急奔入家，见其女还躺在床，忙举女子的头哭说："崔某来也。"其女仿佛有预感，开目复活。老父家人皆喜，并愿将女儿许配给崔护。

在《全唐诗话》中，有一则唐代帝王由寒食诗引

崔护 唐代诗人。他于796年登进士及第。829年为京兆尹，同年为御史大夫、岭南节度使。《全唐诗》存诗6首，尤以《题都城南庄》流传最广。该诗以"人面桃花，物是人非"看似简单的人生经历道出了千万人都似曾有过的生活体验，也为诗人赢得了不朽的诗名。

■ 皮影戏《崔护取水》

■ 《清明》诗意图

祭祀的清明

出的笑话。

唐德宗在位时，诗人韩翃写了一首嘲讽在禁火时节，皇宫使用偷梁换柱术，以赐臣僚蜡烛代替禁烟的《寒食》诗。没想到四句诗轰动一时，连唐德宗都赞赏不已。

780年，德宗亲自御批，要调韩翃到皇宫任驾部郎中知制诰，即为帝王草拟令文。

当时，有两个叫韩翃的人，一个是写寒食诗的韩翃，一个是刺史宰相。当时写诗的韩翃，正远在夷门即开封为李勉幕属。传唤官起初以为是调刺史宰相，因拿不准请示皇帝。

德宗又御批道：

春城无处不飞花，寒食东风御柳斜。
日暮汉宫传蜡烛，青烟散入五侯家。

接下来德宗又批："要此韩翃。"

邸报送到夷门，韩翃开始还不敢相信。送邸报者拿出御批道："此诗不是官人写的？"

韩翃一见大喜，连声说："是啊，是我没错啊！"于是，韩翃因此诗而飞黄腾达。

清明节由一个单纯的农业节气，上升为重要的大

刺史 古代官职，汉初，文帝以御史多失职，命丞相另派人员出刺各地，不常置。公元前106年，汉武帝始置。"刺"是检核问事之意，刺史巡行郡县。刺史制度在西汉中后期得到进一步发展。王莽称帝时期刺史改称州牧，职权进一步扩大，由监察官变为地方军事行政长官。

节日了，寒食节的影响也就逐渐消失了。但寒食的食俗，有的以变形的方式被传承了下来，并保存于清明节中。而寒食扫墓的习俗也被移到清明节中。踏青春游、荡秋千等习俗，也只在清明时举行。

晚唐时期著名诗人杜牧有一首流传千古的绝句《清明》，诗道：

清明时节雨纷纷，路上行人欲断魂。

借问酒家何处有，牧童遥指杏花村。

清明这个节日，本来就容易勾起出门在外人的思归之念，而春雨绵绵，更增添旅途的愁苦和艰辛。这样一种复杂的思绪，诗人却用一句极通俗的语言，做了很好的概括。

这首诗对旅途情景的描绘，旅人情怀的抒发，真实自然，把作者在清明时节，内心欲言又止的思念情愫表达得淋漓尽致，从而成为清明诗中最脍炙人口的一首。

纵观历史，寒食清明节不仅对我国古代历史变迁、社会意识形态进行了充分的反映并产生了重大影响，而且对我国文学、艺术、传统文化等多方面，均产生了极为深远的影响。

阅读链接

唐代官方规定，寒食节放假7日，大小官吏及军队将士均可休息，长期以来已成惯例，其假期之长，在唐朝各节日中位居其首。

当时，唐代重要的藩镇淄青镇，曾长期处于割据状态，全镇之内，日修战备，约束甚严，节令娱乐也受到了严格的控制。

819年，唐朝平定淄青镇，田弘正出任节度使，采取了许多安定民心的措施，其中就包括寒食节依旧放假7日，并允许百姓任意游乐。寒食节的7天假日，从都城到州镇已约定俗成。

清明节饮茶的盛行和演变

唐代是一个格外注重节日的朝代，每逢节令到来，举国上下为之欢庆，而其饮食、好尚、游乐、交际等社会活动及家庭生活也紧密相应，形成唐代的特色。

在唐代，清明节受到了格外重视。作为清明节最重要的饮食习俗之一的饮茶也发生了诸多变化。当时，四川是茶叶之乡，随着民族的统一，四川的种茶和饮茶习俗开始向外传播，先是流传至长江流

■神农氏 即炎帝，是五氏出现的最后一位神祇，我国古代神话人物。传说因为他的肚皮是透明的，可以看见各种植物在肚子里的反应。这样能分辨什么植物可以吃，什么植物不可以吃，他还亲尝百草，以辨别药物作用，并以此撰写了人类最早的著作《神农本草经》，教人种植五谷、畜养家畜，使中国农业社会结构完成。

■ 古代备茶图

域，再逐渐从南方传播到西北。

茶原为我国南方的嘉木，茶叶作为一种著名的保健饮品，是古代南方人民对我国饮食文化的贡献。我国饮茶的起源要追溯到上古时期的神农氏。

传说，约在公元前2737年的神农时代，就已经发现了茶树的鲜叶可以解毒。

有一天，神农在野外以釜锅煮水时，正巧有几片叶子飘进锅中。神农见煮好的水，其色微黄，喝入口中生津止渴、提神醒脑。

他便以自己过去尝百草的经验，判断它是一种药，这便是有关我国饮茶起源最普遍的说法。

在著名古籍《神农本草经》曾有记载：

神农尝百草，日遇七十二毒，得茶解之。

《神农本草经》
简称《本草经》或《本经》，是我国现存最早的药物学专著。《神农本草经》并非出自一时一人之手，而是众多医学家总结、搜集、整理当时药物学经验成果的专著，是对我国中草药的第一次系统总结，被誉为中药学经典著作。

这里反映的就是古人发现茶治病的起源，这说明我国利用茶叶最少已有4000多年的历史。

茶的功能的演变从最初的祭品、菜食到作为药用。茶从治病的药物而逐步发展成为日常的饮品，其间经历了很长的时期，而后茶才逐渐成为我国民间普及的饮品。关于饮茶的记载也日益增多。

当时，我国主要是四川一带产茶和饮茶，因为隔着千山万水，"蜀道"险阻，种茶、饮茶仅局限于四川一带。

随着各民族交往的日益频繁，饮茶风习才从四川传到其他地方，并逐渐兴盛。而在我国古代，寒食清明饮茶之俗更是兴盛不衰。

在古代，经常有老人每天提着装有茶叶的容器，来到集市上叫卖，人们也竞相购买。由此可见，茶已成为百姓日常生活不可或缺的普通饮品了。有了茶，才有品茶。品茶，是一种极优雅的艺术享受。

品茶讲究的是程序。我国是茶的故乡，茶文化是中华5000年历史的瑰宝，茶文化更是风靡全世界。这不仅仅是因为喝茶对人体有很多好处，更因为品茶本身就能给人们带来无穷的乐趣。

■ 唐代女子制茶图

进贡 封建时代藩属对宗主国或臣民对君主奉献礼品。在古代，强盛的宗主国有时会要求其附属小国每年向其进献金钱物资或珍禽异兽，再把这些进贡之物放在皇宫供人赏玩，以彰显国之大气。

清明节品茶是古时上层人物享受的奢俗。饮茶有健脾胃、止渴、提神等诸多益处。但是在古代，茶在清明时节很是昂贵，普通人很难品出其中滋味。

古代的皇室及其近臣也有清明节饮新茶的奢俗。为此，南方一些产茶的地区也有了按期完课纳贡茶的成规。

在清明时节采摘的茶叶嫩芽，为新春的第一次出茶，名为"清明茶"，一般叫春茶。

关于清明茶来历，据古文献记载，历代王朝，都于清明节前从遥远的地方进贡，岁岁入官。并且，朝廷还专门设有种茶基地，以供皇室"清明会"祭天祀祖之用。"清明茶"之名便由此得来。

随着历史的发展，关于"清明茶"的提法逐渐淡远，也极少有人还把茶作为清明时祭祀故去亲人的做法了。取而代之的，是各种关于清明前上品茶的各个种类，如，"竹叶青""一枝春""剑芽""明前绿"等，而更多的人习惯地把这些茶统称为"明前茶"。

西汉后期至三国时期，茶已经发展成为宫廷的高级饮品了。如在汉代《赵飞燕别传》中，就有一节关于饮

朝廷 在我国古代，被一些诸侯、王国统领等共同拥戴的最高统领者，从而建立起来的一种统治机构的总称。在这种政治制度下，统领者一般被称为皇帝。朝廷后来指帝王接见大臣和处理政务的地方，也代指帝王。

■ 古代女子饮茶图

山中茅屋是谁家
兀坐闲窗到日斜
俗客不来山鸟散
呼童汲水煮新茶

■ 《陆羽烹茶图》

陆羽 （733－约804年），他一生嗜茶，精于茶道，因著世界第一部茶叶专著《茶经》而闻名于世，被誉为"茶仙"，尊为"茶圣"，祀为"茶神"。他善于写诗，但其诗作世存不多。《全唐文》有《陆羽自传》。

茶的记载。

据说，汉成帝去世以后，皇后在睡觉时忽然惊醒，并哭啼了很长时间。侍者不知是什么原因，而皇后却啼哭不止。侍者问道："皇后娘娘，因何啼哭？您要节哀顺便，保重身体才是！"

皇后闻听此言，方才醒过神来，说："我刚才梦见皇帝，皇帝在云中赐座给我，命人进茶。皇帝左右上奏皇帝，说："皇后平时侍奉皇帝不周，不应该喝此茶。"，可见当时，茶已成为皇室中的一种饮品了。

每逢清明节，王室贵族都要宴饮新茶。清明节的新茶，要在数千里外及时奉送到。在清明前采的茶为上等茶，专人先于清明时把上等茶收买回来，再焙干箬叶，采贡茶时又有郡守现场指挥，所有这一切为的

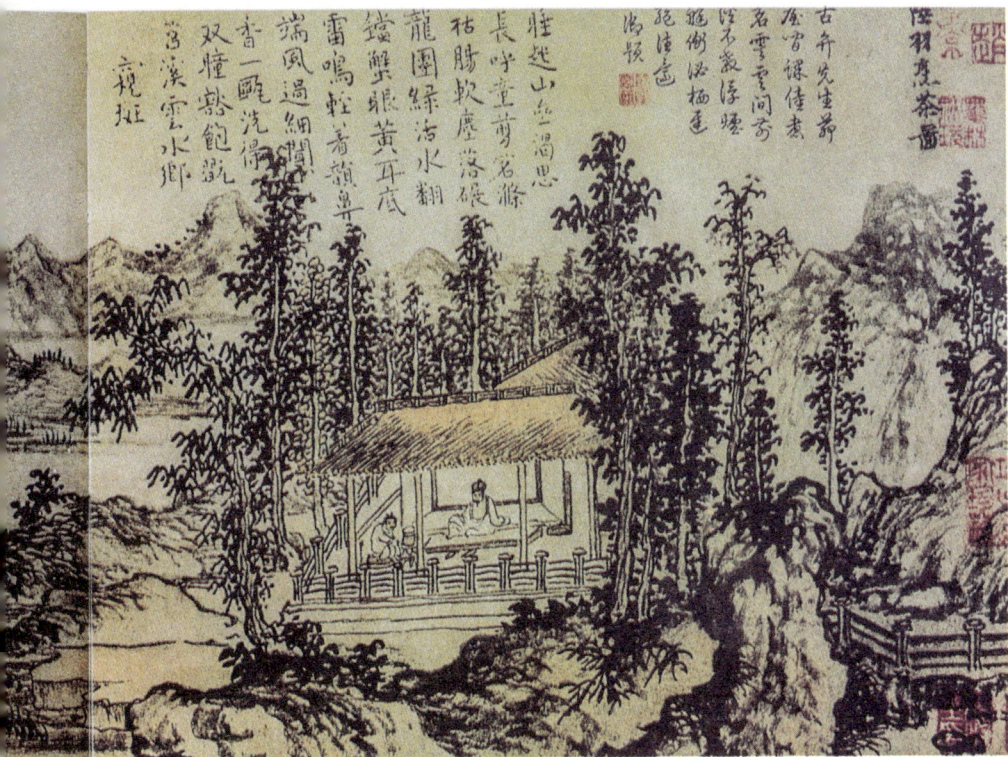

都是为清明宴做准备。

关于此事，在唐代陆羽的《茶经》中有所记载：

　　茶之为饮，发乎神农氏，闻于鲁周公。

唐代诗人张文规在《湖州贡焙新茶》中说道：

　　凤辇寻春半醉回，仙娥进水御帘开。
　　牡丹花笑金钿头，传奏吴兴紫笋来。

这首诗真实细腻地描绘出了皇家递送贡茶时的情景。古人在制茶、藏茶、饮茶等诸多环节上，对用时、用火、用水、用具等方面的要求都有许多讲究。

后人有诗为证：

题封进御官有局，夜行初不更驿宿。

冰融太液俱未知，寒食表苞随赐烛。

唐代清明节饮茶习俗还有许多别出心裁之举。据《事词类奇》载，唐德宗煎茶，好加酥椒之类。苏东坡在《试院煎茶》歌中，列举了许多与众不同的煮茶法：

蒙茸出磨细珠落，眩转绕瓯飞雪轻。

银瓶泻汤夸第二，未识古人煎水意。

君不见，昔时李生好客手自煎，贵从活火发新泉；

又不见，今时潞公煎茶学西蜀，定州花瓷琢红玉。

我今贫病长苦饥，分无玉盌捧蛾眉。

且学公家作茗饮，砖炉石铫行相随。

阅读链接

提起饮茶，自古以来，无论达官贵人还是平民百姓，但凡有品茗雅兴之人都讲究茶道。

茶道是烹茶饮茶的艺术，是一种以茶为媒的生活礼仪，也被认为是修身养性的一种方式。它通过沏茶、赏茶、闻茶、饮茶，增进友谊，美心修德，学习礼法，是一种很有益的和美仪式。

喝茶能静心、静神，有助于陶冶情操、去除杂念，这与提倡"清静、恬淡"的东方哲学思想很合拍，也符合佛道儒的"内省修行"思想。茶道精神是茶文化的核心，是茶文化的灵魂。

寄托无限哀思的重大节日

据《岁时百问》记载："万物生长此时，皆清洁而明亮。故谓之清明。"

到了清明这天，天气回暖，正是春耕春种好时节，同时也是惜春正命、纪念亡人的绝佳时机。

唐代统治者允许百姓将寒食节扫墓祭祖的习俗延续至清明这天，以此来强化慎终追远、敦亲睦族的孝亲传统。从此，清明初具节日的性质。

清嘉庆二十二年《长沙

古代墓祭

■ 古代家族祭拜

县志》记载:

　　清明日，设酒肴荐先墓，标纸钱于上，去墓草而加土，谓之扫墓。

清嘉庆二十三年《善化县志》记载:

　　"清明"上冢，用本色纸剪缠竹枝，谓之"春条"，插冢上祭拜。

清明祭扫坟茔，是和丧葬礼俗有关的节俗。据载，古代"墓而不坟"，就是说只打墓坑，不筑坟丘，所以祭扫就不见于载籍。后来打墓而且筑坟，祭扫之俗便有了依托。

秦汉时代，墓祭已成为不可或缺的礼俗活动。据《汉书·严延年传》记载，严氏即使离京上千里，也要在清明"还归东海扫墓地"。

我国古人祭祀的形式大致有三种。

第一种方式较为普遍，即在祖宗葬地举行，俗称"上坟"。时间主要是忌日和重大传统节日，如除夕、清明、中元节、十月初一等。

第二种方式是家祭，即不用到坟上去，或与上坟同时进行，把写有直系宗祖的牌位或谱系图供在正堂或"家庙"，全家或全族人一齐祭祀。家祭也称"请家堂"，仪式十分庄重。

第三种方式是清明节扫墓，扫墓也被称为寒食展墓。其过程大致是寒食节这一天，一家人或一族人一同来到先祖坟地，然后致祭、添土、挂纸钱。因这项活动与千家万户的生老死葬休戚相关，因而在民间尤为看重，被视为"野祭"。

尤其是古代帝王在组织官方编修五礼时，为了给世人这种追贤思孝的野祭正名，特敕令将寒食节展墓

牌位 又称灵牌、灵位、神主、神位等，是指书写逝者姓名、称谓，或书写神仙、佛道、祖师、帝王的名号、封号、庙号等内容，以供人们祭奠的木牌。牌位大小形制无定例，一般用木板制作，呈长方形，下设底座，便于立于桌案之上。古往今来，民间广泛使用牌位，用于祭奠已故亲人和神祇、佛道、祖师等活动。

衍化嬗变

随俗雅化

■ 唐代清明节祭祖扫墓人物砖

祭祀的清明

■ 唐代长安街景

《史记》 我国第一部纪传体通史，由汉代的司马迁花了13年的时间所写成的。《史记》与《汉书》《后汉书》《三国志》合称"前四史"。《史记》全书共有本纪12篇，表10篇，书8篇，世家30篇，列传70篇，全书共130篇，记载了我国从传说中的黄帝到汉武帝后期长达3000多年的历史。

编入五礼之中的第一项吉礼中，使其永为恒式。

此后，寒食节展墓，名正言顺地成为官方倡导的拜扫礼节。皇亲贵族也跻身于寒食祭陵展墓行列。

说起展墓就要提到纸钱。纸钱是古人祭祀时用以礼鬼神和葬礼及扫墓时用以供死者享用的"冥币"，因之又称冥钱。一般是将白纸剪成铜钱的形状，或抛撒于野外墓地，或焚化给死者，民间将此称为撒纸或烧纸。

在《史记·酷吏列传》中就有关于纸钱的记载："会人有盗发孝文园瘗钱。"

由此可知，纸钱之俗早在汉代就有了。魏晋以后，南朝齐之时，人们普遍改为以纸寓钱祭灵。此俗一直沿袭下来。世间事，过眼烟云，朝更夕改，唯有寒食展墓之俗如阳露春草，岁岁年年。

到了隋唐时期，寒食节主要活动项目已逐渐演变为关系千家万户的祭祖扫墓，而为纪念介之推举行的禁烟吃冷食已退居其次。

寒食展墓之俗因其魂系祖脉，根连骨肉，至后来已演变为四海同祭，九原焚帛，生者展孝，鬼神享食的天下第一祭日。

人死万事灰，展墓人复来。唐代诗人张籍名作寒食节《北邙行》写道：

洛阳北门北邙道，丧车辚辚入秋草。
车前齐唱薤露歌，高坟新起白峨峨。
朝朝暮暮人送葬，洛阳城中人更多。
寒食家家送纸钱，乌鸢做巢衔上树。
人居朝市未解愁，请君暂向北邙游。

自古至今，上坟祭扫都是我国上至朝廷、下至百姓的重要活动。其主要包括两项内容：一是挂纸烧钱，二是修整坟墓。

唐代以前，我国已有烧纸钱祭亡灵的习俗，但因寒食期间禁火，墓祭也不能烧纸钱，人们便将纸钱插、挂在墓地或墓地旁边的树上，

古代祭祀

■ 皇家祭陵场景

祭祀的清明

王建（约767—约830年），唐代诗人。家贫，"从军走马十三年"，40岁以后，才当上小吏，沉沦于下僚，任县丞、司马之类，世称王司马。他写了大量的乐府诗，同情百姓疾苦，与张籍齐名。又写过宫词百首，在传统的宫苑之外，还广泛地描绘宫中风物，其诗作是研究唐代宫廷生活的重要材料。

有的是用小石头压在坟地上，表示后辈给先人送来了费用。

这就出现了一个疑问：古人认为，给先人使用的物品如果不焚烧，是无法过到另外空间去的，当然食品除外。

在我国，从古至今，不管是宗教还是民间，都有烧香或烧纸钱的习俗。这个纸钱如果不焚烧，阴间的先人就不好用。

因此，唐朝的大诗人王建在《寒食行》一诗中，就对寒食节不能烧纸钱的事情提出了质疑：

寒食家家出古城，老人看屋少年行。

丘垄年年无旧道，车徒散行入衰草。

牧儿驱牛下冢头，畏有家人来洒扫。

远人无坟水头祭，还引妇姑望乡拜。

三日无火烧纸钱，纸钱那得到黄泉。

但看垄上无新土，此中白骨应无主。

清明节是我国三大鬼节之一，另外两个鬼节是农历七月十五、十月初一。"鬼节"即是悼念亡人之节，是和祭祀天神、地神的节日相对而言的。

清明祭祀的参与者是全体国民，上至君王大臣，下至平头百姓，都要在这一节日祭拜先人亡魂。

从唐朝开始，朝廷就给官员放假以便归乡扫墓。参加扫墓的人也不限男女和人数，往往倾家出动。这样清明前后的扫墓活动，常常成为社会全体亲身参与的事，数日内郊野间人群往来不绝，规模极盛。

清明节的祭祀活动，首推涉及千家万户的上坟祭扫。但除了上坟扫墓外，历史上这一天还有一系列其他祭奠活动。

首先是皇家祭陵，这一活动历朝奠仪也不尽一致。如639年唐太宗拜献陵，规定帝谒陵，距陵5000米处设有座位和斋室，还规定皇祖以上至太祖陵寒食日都要设祭。

天神 指天上诸神，包括主宰宇宙之神及主司日月、星辰、风雨、生命等神。佛教认为，天神的地位并非至高无上，但可比人享有更高的福祉。天神也会死，临死前会出现衣服垢腻、头上花萎、身体脏臭、腋下出汗和不乐本座等五种症状。

■ 唐代长安清明节场景

农历 我国长时期采用的一种传统历法，以朔望的周期来定月，用置闰的办法使年的平均长度接近太阳回归年。因这种历法安排了二十四节气以指导农业生产活动，所以被称为农历，又叫中历、夏历，俗称阴历。

■ 祭祀孔林

除了皇家祭陵外，寒食清明较为隆重的祭仪为祭祀孔林。据《山东通志》与《曲阜县志》记载，曲阜孔林是孔子先师之墓，此地受天至精，纯粹睿哲。

历代规定这里祀期为一年两祀，即春用寒食节、冬用农历十月朔日。奠仪由孔子后裔衍圣公主祭。

除孔林外，曲阜城东10多千米处有启圣林庙，是孔子父亲的葬地。这里规定一年两祭时间为春用清明节，冬用农历十月初三，也由衍圣公主祭。由此可见，清明节从古至今就是华夏子孙的祭祀重要节日。

作为鬼节，清明之祭主要是祭祀祖先和去世的亲人，表达祭祀者的孝道和对死者的思念之情。清明节属于鬼节而通常不被冠以鬼节之名，就在于它所祭祀的主要是善鬼、家鬼或亲近者的亡魂，重在表达孝思亲情。

而另外农历七月十五和十月初一两个鬼节则连恶鬼、野鬼也一并祭祀，重在安抚鬼魂，不让它们作祟。有些地方也有清明节祭祀其他鬼神的做法。

清明祭祀的时间选在清明前后，各地有所差异。旧时，北京人祭扫坟墓不在清明当天，而在临近清明的"单日"进行。只有僧人才在清明当天祭扫坟墓。

浙江丽水一带则在清明节的前三天和后四天的时间内扫墓，称为"前三后四"。

旧时，山东多数地区在清明当天扫墓，少数地区如诸城，在寒食这天扫墓，有些地方在清明前四天内扫墓。

■ 清明节上坟

清明祭祀按祭祀场所的不同可分为墓祭、祠堂祭。以墓祭最为普遍。清明祭祀的特色就是墓祭。在墓地祭祀，祭祀者离祭祀对象最近，容易引起亲近的感觉，使生者对死者的孝思亲情得到更好的表达和寄托。

清明祭祀被称为扫墓，主要是由于采取墓祭方式。另一种形式是祠堂祭，又称庙祭，是一个宗族的人聚集在祠堂共祭祖先，祭完后要开会、聚餐等，这种祭祀是团聚族人的一种方式。还有一种情况是家在外地工作的人不能赶回家乡扫墓，就在山上或高处面对家乡的方向遥祭。

清明祭祀的方式或项目各地有所不同，常见的做法由两部分内容组成：一是整修坟墓，二是挂烧纸钱、供奉祭品。

扫墓时首先整修坟墓。其做法主要是清除杂草，

华夏　古代汉族的自称，即华夏族。原指我国中原地区，后也指我国全部领土而言，遂又为中国的古称。"华夏"一词由周王朝创造。最初指代周王朝。华夏文明亦称中华文明，是世界上最古老的文明，也是世界上持续时间最长的文明。

培添新土。这种行为一方面可以表达祭祀者对亡人的孝敬和关怀；另一方面，在古人的信仰里，祖先的坟墓和子孙后代的兴衰福祸有莫大的关系，所以培墓是一项不可轻视的祭奠内容。

过去由于受寒食禁火的影响，纸钱不焚烧，而是挂在墓地的小树上、竹竿上，或用石块、土坷垃压在坟墓边。这样，凡是祭扫过的坟墓就有纸幡飘飘，构成清明前后的特有景观。没有纸钱者，一般就是缺少后嗣的孤坟了。

后来，人们在清明一般不再讲究禁火，就把纸钱烧掉。旧时，北京清明祭祖的主要形式是"烧包袱"。所谓"包袱"，被祭祀者当作从阳世寄往"阴间"的邮包。过去有卖所谓的"包袱皮"，即用白纸糊的一个大口袋。

这种口袋有两种样式。一种是有图案的，用木刻版印上梵文音译的《往生咒》，中间印莲座牌位，写上亡人的名讳，如"已故张府君讳云山老大人"字样。另一种是素包袱皮，不印任何图案，中间只贴一张蓝签，写上亡人名讳。包袱里装有各种冥钱。所供奉的祭品主要是食品，品种各地不同，都是当地人认为的并且按祭祀者的经济能力能拿得出来的美味佳肴，或合于时令的特色食品。

阅读链接

过去，山西晋南人则将扫墓的时间分为两次。一次在清明前几天，是各家分头去扫墓。第二次是在清明当天，一个村里同姓的各家派出代表，同去墓地祭祀共同的祖先。

上海人扫墓时间，新坟、旧坟有别。凡是新近过世的，过了七七四十九天而没做过超度法事的，要在清明节这天请僧道诵经做法事或道场。

如果是老坟已做过法事或道场，扫墓不一定在清明当天，可以前后放宽些，但不能超出前7天后8天的范围，俗谓："前七后八，阴司放假。"意思是过早或过迟都会失灵。